作文好好玩
讀寫結合 中級

作者◎管家琪・房科劍　繪圖◎吳嘉鴻

〔給大朋友的話1〕

讀寫結合，作文起飛

◎管家琪

「如何有效的指導孩子們作文？」是華文世界所有中文語文教師都倍感頭疼的難題；「我的孩子課外書看得也不少，怎麼好像就是沒有辦法提筆作文？」是很多父母共同的困惑；「到底該如何掌握作文基本的方法與技巧？」更是絕大多數的孩子們都很關心的問題。這套《作文好好玩——讀寫結合》系列，是以孩子們為主要閱讀對象，讓孩子們可以獨立閱讀，同時也提供給老師和家長很大的參考。

這套系列，我們以一套完整的作文方法作為基礎，根據不同年齡層的孩子，由淺入深，讓孩子們都能掌握。在「讀」的方面，我們挑選一些適合不同年齡階段的孩子們適讀的文章，然後從該篇文章出發，設計相應的語文活動，並示範如何做細緻且獨到的帶領，引導孩子們能夠非常自然的從「讀」慢慢進入到「寫」，從而提升孩子們「寫」的能力。

以往我已經為小朋友編寫過一些跟作文有關的書，回響都很好。雖然作文的基本道理都差不多，但是到底該怎麼說，怎麼說才有效、才能讓小朋友吸收，還是需要煞費苦心。在這一方面，我有一個原則，就是絕不炒自己的冷飯，我希望每一套書都能自成一格，也都能有一番新意。之前我都是單兵作業，獨力完成，這套《作文好好玩——讀寫結合》系列，我有一個新的嘗試，就是邀請我的好朋友房科劍老師聯手合作，一起精心打造。房老師是大陸一位資深且優秀的第一線語文教師，對於不同年齡層孩子的特質以及領會能力有相當精準的掌握。書中所有趣味語文活動，都由房老師設計和帶領，遊戲性和可操作性很高，不但孩子在自己閱讀的時候，會讀得津津有味，同時也等於提供一些具體的教案給老師和家長。

我們從關注絕大多數孩子的角度來選擇所有的內容，包括「讀」的部分、趣味語文活動以及習作案例等等，讓不同程度的孩子都能從書中找到知音，不再對作文望而生畏，更要讓絕大多數的親師和孩子們都能感到平易近人，一方面讓有心指導小朋友作文的大人，覺得這套叢書容易使用且利於學習，明白原來指導孩子們作文也可以變得這麼有趣；另一方面更要讓孩子們體會，原來閱讀和寫作就像呼吸一樣，是那麼的自然，從而有效的提高小朋友對於讀寫的興趣。

這套《作文好好玩——讀寫結合》系列一共分成基礎、中級和高級三本，三本可以各自獨立，但又一脈相承，有一個整體的系統。

基礎篇和中級篇我們都安排了十課，高級篇安排了十二課，每一課除了一篇孩子們適讀的文章以外，還設計了以下幾個單元：

開心閱讀

針對文章的導讀，可以從中學到哪些對作文有幫助的觀念和技巧。

房老師的趣味語文活動

房老師帶著幾個小朋友共同完成，讓小朋友從遊戲中掌握作文的技巧。

快樂習作

挑選幾篇小朋友的作品，讓小讀者們觀摩。

管阿姨點評

管阿姨針對幾個小朋友的習作，做點評和提醒。

現在，就請大家大手牽小手，一起進入我們的讀寫世界吧！

〔給大朋友的話2〕

作文是生活的一部分

◎房科劍

就像說話是交流的工具，作文也是交流的工具。有說話的場合，就有作文的場合，有說話的機會，就有作文的機會。小學生學作文，不是為了當作家，也不是為了應付考試。我在兒童教育中，一直是把作文定位成一種交流的工具。以這樣的理念來指導孩子們作文，發現經常會有意想不到的驚喜，不僅孩子們特別喜歡寫作文，也有很多報刊雜誌喜歡我學生寫的文章。

一般人與人之間的交流，往往是靠嘴巴說話達到目的。聾啞人士就得靠手勢交換意見。那麼，不愛說話又不習慣用手勢交流的人，一旦有求於人的時候，該怎麼辦？再說有時候我們需要與更多的人交流，光靠自己的一張嘴去說，根本行不通，不僅很浪費時間，精力上也應付不過來，這個時候，有沒有好的辦法？或者，有的時候腦袋裡突然有個特別好的想法，但身邊一時找不到人可以交流，該如何讓自己的想法趕快保存？仔細想想，每個人都可能碰到這樣的時刻，包括我們的小朋友。這時候會發現，會寫作文是多麼重要，能夠解決很多這樣的難題。

我常常在作文教學中，設計很多需要用到文字的活動，讓孩子覺得自己不是在作文，而是出於交流的需要，因此會主動想要寫點文字。在這種狀態下寫文章，是毫無負擔的，每個孩子都願意積極動腦，快樂的寫作。而在這樣的寫作過程，孩子自然會慢慢明白想要寫什麼，以及該怎麼寫，才能夠更準確的表達自己的意思。

比如自我介紹，面對不同年級的小朋友會有不同的安排。新生見面，讓孩子們先寫好底稿，讓同學們彼此認識，孩子們自然會展示自己傑出的一面；在競選班級或某些職位時，也可以讓孩子寫好演講稿，爭取支持，他們就能夠根據自己的特長以及職位的需要，選擇材料來寫；在全校舉辦「徵友博覽會」，讓孩子跨班跨年級來徵集好朋友，孩子們會展示自己的愛好和個性，而選擇適合興趣相投的朋友；在畢業班裡，大家寫寫自己的理想，用信封保存在老師的書櫃裡，十年後再相聚老師這兒取信，看看當時的理想是否實現……在這樣的活動中，孩子們往往在動筆前，很自然的就會想，這篇文章是為誰寫的，我該告訴他什麼，該如何告訴他，才能夠達到目的？

和管老師合作的這套書裡，都是我經常和孩子們一起玩的趣味語文遊戲。這套書在動筆前，就已經定下「寓教於樂」、「讀寫結合」這兩個宗旨，並且經過非常周密的討論和設計，使每一個活動，都能在非常自然的情況下和語文教育連結。後來在帶活動以及寫作的過程，也愈來愈感覺生活中有太多太多的事情，都具有作文練習的用途。

只要我們再細心一些，用心閱讀，多留心觀察生活，我們的大朋友和小朋友一定會發現，作文就在我們生活的每一個角落。

〔給小朋友的話〕

從遊戲中學習寫作

◎管家琪・房科劍

親愛的小朋友，你好嗎？

這本書也許是爸爸媽媽買給你的，不過，沒有關係，看了之後相信你一定會覺得很有趣。

爸爸媽媽買這本書給你，多半是希望能夠對你的作文有幫助。不過，我們希望你現在暫時

先把「作文」這件事放到一邊，更不要去想什麼「考試要考作文」這種殺風景的事，請你放鬆心情，用一種輕輕鬆鬆的態度來看這本書。

最好能按照順序，從第一課開始慢慢看到第十課。這就好像你上餐廳吃西餐，一定是先上湯和沙拉，再上主菜，最後才上甜點和飲料。人家會安排這樣的順序一定是有道理的。如果你一上來就想先吃甜點，當然也可以，只是這麼一來也許你就比較無法再去品嘗前面的沙拉和小麵包了。

如果這本書你能夠按照順序，從頭慢慢的看下來，相信你的吸收會更好。

希望你能夠從閱讀每一課的文章中，自然培養出對文學的喜好，從「**開心閱讀**」中得到一些語文知識，再從「**房老師的趣味語文活動**」中，

掌握一些作文的實用技巧，並且從「**快樂習作**」中，看看和你年齡相近的小朋友所寫的作品，相信一定很能刺激你的靈感，最後再看看管阿姨怎麼來欣賞這些作品，管阿姨對這幾個小朋友作文的提醒，相信對你同樣可以適用。

在這本書裡，我們所設計的每一個單元，都是與你的閱讀和寫作有關。我們尤其盼望在「**房老師的趣味語文活動**」中，大家不妨放鬆心情，想像一下你也坐在房老師的教室裡，就跟在這個單元中出現的幾個小朋友坐在一起，然後一起上課、一起做遊戲，你一定會很驚訝的發現，原來作文課可以這麼好玩！

閱讀和寫作，絕不是為了應付考試，是為了追求更好、更豐富

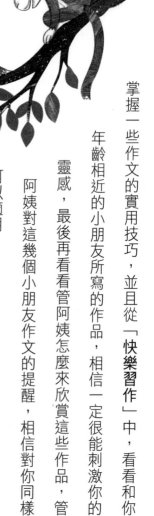

的精神生活。作文更不只是為了能夠在考試中過關斬將，因為所謂的「作文」，就是用文字把你所看到的以及所想到的寫下來而已，這是我們每一個人都很需要、也都應該具備的一種基本能力。你們現在還小，等你們慢慢長大，將來不管你們是在社會哪一個工作崗位上奉獻你的心力，如果你有閱讀和寫作的習慣，特別是如果你有很好的作文能力，你的生活一定會比較充實，做任何事也一定都會比較出色。

最後，祝你健康快樂！

你永遠的大朋友　管家琪・房科劍

寫在前面

作文能力是需要慢慢培養的，不可能一蹴可幾，對於不同年齡層的孩子，我們要有不同的設計和期望。對於中年級的小朋友來說，應該要開始寫真正有意義的作文了，所以我們不能再只是滿足孩子們能夠把幾句話寫通順，或是能夠寫一篇短短的文字。中年級的小朋友除了應該具備如何作文，以及如何提升作文能力的基本觀念之外，還要認識到追求用字精鍊、追求條理，力求先能夠把一件事情好好的寫清楚，進而再追求能夠寫得動人、寫得有滋有味。

在這本中級的讀本中，我們的重點有以下七個：

- 累積詞彙。（掌握文字工具）
- 訓練觀察力。（好文章都需要細節，觀察是作文的起步）
- 言之有物。（作文就是「有話要說」）
- 蒐集材料。（如何豐富文章的內容）
- 掌握重點、條理分明。
- 用字精鍊。（特別是在善用比喻的時候）
- 說清楚、寫明白。（每一件事情，總有開頭，也有結尾，如果能夠把一件事情說清楚，至少就已經能做到「有頭有尾」，文章就已經具備了基本的結構）。

本書一共十課。「訓練觀察力」、「你想說什麼」、「如何抓重點、如何具備條理性」等三個重點安排了兩課，其他幾個重點都是安排一課。

目
錄

第一課 兒童對韻

天對地，
弱對強，
日月對陰陽。
心胸寬，
翰墨香。
根深則葉茂，

源遠而流長。
寬對窄，
去對回，
暮色對朝暉。
小鳥叫，
大鵬飛。
少壯不努力，
老大徒傷悲。
榮對辱，

喜對憂，
眼底對心頭。
平野闊，
大江流。
欲窮千里目，
更上一層樓。

來對往，
密對稀，
雨露對虹霓。
濤如雪，

星若棋。
舉頭紅日近，
回首白雲低。

朝對暮，
葉對花，
結果對萌芽。
水有岸，
天無涯。
潮汐通四海，
憂樂連萬家。

開心閱讀

很多詞彙都是相對的，用這樣的方式來累積詞彙，不但能夠激發小朋友的聯想，也有助於小朋友記憶。

房老師的趣味語文活動

猜詞遊戲

房老師說：「今天我給大家講一個故事。這個故事是說，有一個國王，派人給另外一個國王送去了一堆東西。有哪些東西呢？有一隻死鳥、一條死魚、一隻死老鼠、一隻死雞和一支箭。大家猜猜看，這個國王是什麼意思？」

歐陽嫻說：「肯定是不好的事情。」

大家對歐陽嫻的推論都表示贊同，但是到底是什麼「不好的事情」，就講不清楚了。

房老師說：「是啊，要是能夠用文字來說明該有多好。其實這個國王可不是要給另外那個國王送禮，而是向他發出一封挑戰書，他的意思是：『就算你能夠像鳥兒一樣在天空飛翔，我也會射死你；就算你能夠像魚兒一樣在水裡游來游去，我也會殺死你；哪怕你是地上活蹦亂跳的雞，或者像老鼠一樣的藏在地洞裡，你也非死不可！』」

孩子們聽完故事，都哈哈大笑。

房老師說：「只有用文字來表達我們的意思，才不會讓別人糊塗，或是產生誤會。今天我們就來玩一個『猜詞遊戲』，這個遊戲有兩種玩法，我們現在先玩第一種。我們請一個小朋友上台，這個小朋友要先想好一個語詞，不管是兩個字、三個字或四個字的詞彙都可以，然後做出能夠表達這個詞彙的動作，下面的小朋友就一起來猜，看誰能最快猜出來。」

歐蕭蕾上台了。她站在那裡，想了片刻，馬上伸出拳頭，又用腳踢了起來。

方娜說：「我想是『搖頭晃腦』吧。她搖了頭的。」

王晟說：「好像手腳都動了，應該是『手舞足蹈』。」

歐陽嫻說：「她手腳一起動，看上去很高興，我想是『興高采烈』。」

房老師說：「到底是哪個小朋友猜中了呢？請歐蕭薔解答。」

歐蕭薔說：「其實我是想表演『拳打腳踢』。」

大家都表示不服氣。歐陽嫻說：「『拳打腳踢』應該很生氣，你怎麼笑呢？」

大家覺得應該是王晟的「手舞足蹈」猜得最好。

房老師說：「好像連歐蕭薔自己也猜不準自己的詞啦。現在我們來玩第二種『猜詞遊戲』，我們要請幾個小朋友上台，針對我們現在教室裡的人或物，想想看其中躲著哪些成語？」

李陽晨上台了。她站在台上，東看看西看看，一會兒先指著坐得端端正正的陳洋說「一本正經」，又指著喜歡亂動的方向說「六神無主」。

接著，鍾科恆上台，盯著天花板說：「真是『一塵不染』。」

然後是劉洋上台。劉洋向來最不愛說話，現在站在講台上，無論房老師如何引導，還是老半天沒說一個字。

房老師問大家：「怎麼辦？」

有小朋友說：「乾脆我們來說劉洋好了，我說『一聲不吭』！」

「『一言不發』！」

「『面紅耳赤』！」

「『金口難開』！」

小朋友都聯想到不少詞彙。忽然，劉洋指著大家，冒出一句：「你、你們——真是『目中無人』，『欺人太甚』。」

房老師說：「哈哈，原來是不說則已，一說驚人啊。」

頓時，全場都為劉洋鼓掌！

房老師總結：「希望大家在以後的生活中，多和朋友或者家人一起玩『猜詞遊戲』，在遊戲中掌握更多的詞彙，讓我們腦中的詞彙資料庫愈來愈豐富。」

快樂習作

思考一下，在你的詞彙資料庫裡，有哪些詞彙是你非常喜歡的，或是不喜歡的？為什麼呢？

我最討厭的詞

◎歐陽子怡

在我們的生活裡，我聽到過許多聽來倒胃口的詞彙。比如：笨蛋、滾出去、烏鴉嘴、死鬼等。

有一回，我聽到隔壁叔叔家在吵架。那個叔叔竟然罵平常那個慈祥的老爺爺：「死鬼，你給我滾出去！」天啊，這裡原來可是老爺爺的家，叔叔怎麼能夠那樣罵他呢？我問了爺爺，爺爺說是那個叔叔嫌棄老人不能做事了。

後來，我一聽到別人說「死鬼」、「滾出去」時，就想到那個可憐的老爺爺，我就會不舒服的。

我喜歡的詞彙 ◎李陽晨

我喜歡的詞，大多都是跟玩和吃有關。別人一說到「雞腿」，我的嘴巴就癢癢的；別人一提到「電腦」，我的手就癢癢的；特別是說到「壓歲錢」，我就會蹦得很高。

每年過年，我會收到很多壓歲錢。有一年，我收到三千五百元，我把這些壓歲錢存下來，隨時可以取出來買新衣服和買吃的。不過，我更多的是用在閱讀上。我用這些錢買了《格林童話》、《一千零一夜》和《安徒生童話》等。

我喜歡獎狀

◎歐蕭薔

我很小的時候，有些害怕別人說「獎狀」這兩個字，因為我還沒得過獎狀，看到別人拿著獎狀回家，我好羨慕。

直到讀二年級，我得了第四名。放學了，我拿著獎狀直往家裡衝，心裡別提有多高興了。回到家，我大聲喊著：「爸爸，媽媽，快出來看，我得獎狀了。」爸爸媽媽走了出來，接過我手中的獎狀，臉上露出了甜蜜的笑容。我高興極了。爸爸還給我一百元當作獎勵。

所以一提到「獎狀」兩個字，我就會想到媽媽的笑容和爸爸的錢呢。我會繼續努力，爭取得到更多的表揚。

我喜歡「生日」和「零食」

◎歐陽嫻

我最喜歡吃零食了，比如：薯片、口香糖、巧克力和珍珠奶茶等，還喜歡玩電腦。但是媽媽一般不同意讓我吃的，說吃了零食會發胖。

有一天，媽媽給了我十元，叫我去買東西吃。我以為媽媽今天的生意好，才給我錢，還破天荒叫我買零食。我謝謝媽媽，還祝她天天生意興隆。媽媽笑著說：「別想得那麼美啊，今天是你生日才允許你這樣吃的。」她還讓我玩電腦。今天，我吃得開心，玩得也開心。到了晚上，我開開心心的睡著了。

我盼著「生日」，我愛著「電腦」，我永遠不會忘記它們的。

管阿姨點評

這幾篇作品都寫得不錯。確實，有很多詞彙都會讓我們產生聯想，這是一個很好的習作方向。

子怡的作文，內容很動人，從這篇短短的作文我們可以感受到子怡的愛心和正義感。

陽晨說「別人一說到『雞腿』，我的嘴巴就癢癢的；別人一提到『電腦』，我的手就癢癢的」，寫得很真實，很可愛。

蕭薔說「一提到『獎狀』兩個字，我就會想到媽媽的笑容和爸爸的錢」，「爸爸的錢」不妨換成「爸爸的獎金」。

此外，陽嫻最後一句「我盼著『生日』，我愛著『電腦』，我永遠不會忘記它們的。」意思則是不大清楚。

延伸活動

成語配對

在平常的閱讀和課堂學習中，我們積累了大量的成語。你可以和爸爸媽媽一起玩玩成語配對的遊戲。比方你說一個「生龍活虎」，爸爸媽媽可以根據成語中含有動物的詞彙來對上一個「雞飛狗跳」；你還可以和爸爸媽媽玩含有近義詞（如「東張西望」）、反義詞（如「三長兩短」）、顏色（如「萬紫千紅」）、數字（如「五光十色」）等特性的成語，你會發現原來成語這麼豐富、這麼有意思。

第二課 有趣的歇後語

二郎神放屁——神氣
芝麻做餅——點子多
啞巴吃黃連——有苦說不出
屎殼郎戴花——臭美
屎殼郎打飽嗝——滿嘴臭氣
閻王爺敲門——鬼到家了

閻王爺說謊——騙鬼

板凳倒地——四腳朝天

開心閱讀

這些歇後語的前半段，都會透露出一些訊息和線索。在讀這些歇後語的過程中，老師們不妨慢慢引導，以此來引導孩子們練習觀察，讓孩子們漸漸去抓到特點。比如「屎殼郎」那就是臭；閻王爺呢，那就是管鬼的；二郎神是民間故事裡的一個神仙，從他身體裡放出來的氣體當然是「神氣」；板凳倒地，你會看到一個什麼樣的畫面？也就是說，要引導孩子們不只是看、不只是觀察字面上的意思，還要同時用腦子來「觀察」。

房老師的趣味語文活動

猜謎語

房老師出示三個謎語。

上不在上，下不在下，天沒有它大，人有它大。（謎底：一）

倒下一人。（謎底：到）

魔鬼消失。（謎底：麻）

房老師說：「大家來看看，注意觀察，這些謎語和它們的謎底有什麼關係？」

歐陽嫻說：「我看出第一個謎語了。『上不在上』，就是說這個『一』字當然不在『上』字的上部，而是在下部。後面都可以這麼說，你看『天』如果沒有『一』字就變成了『大』，『人』字加上『一』字就變成『大』字。」

大家很快都抓到了訣竅，明白了「倒下一人」，去掉一個「人」字邊，自然就剩下「到」這個字，而「魔鬼消失」，如果把「魔」這個字中的「鬼」拿掉，當然就是「麻」這個字了。

房老師誇獎道：「大家仔細觀察，就會慢慢發現，字謎大多數是用謎語裡的某一個字來增加一點筆劃，或者是減掉一點筆劃，然後重新得到一個新的字。比方說『倒下一人』和『魔鬼消失』這兩個謎語，裡頭的『下』和『消失』就是減掉筆劃的意思。」

术
到

麻

房老師又在黑板上出了三個字謎。

有水變清

打掉一隻手

用石做成碗

大家開始觀察，房老師並且建議大家動筆來寫寫看，這樣會比較好猜。

王晟說：「我知道了，『有水變清』的謎底是『青』，你看，『青』旁邊有『水』的話，不就是『清』了嗎？」

李陽晨也不甘示弱：「我知道『打掉一隻手』的答案，『打』字去掉

提手旁，就成了一個『丁』字。」

歐蕭薔說：「我知道『用石做成碗』是一個『宛』字，『宛』加上石字邊不就變成『碗』字了嗎？」

房老師小結：「很好，大家在猜字謎的過程中，都學會觀察字的筆劃，組合或拆解成新的字，非常不錯。今天老師還想試一試，你們平常對事物觀察得怎麼樣，我們來猜一猜生活中的一些謎語。老師出題，你們也可以改編平常在謎語書裡看到的謎語來考考大家。我們一句一句來猜，大家也可以討論一下哪些謎語出得好，讓我們能夠很清楚的猜出物品，而哪些謎語出得不好，太模糊，好像猜什麼都可以？」

家用品類

第一句提示：一頂花帽頭上戴。
歐陽嫻說：「衣架。我家的衣架上面有一個圓花帽呢。」
第二句提示：立在桌頭朝我笑。
李陽晨說：「花瓶。我家桌上的花瓶朝我笑呢。」
歐蕭薔說：「檯燈。」
第三句提示：看我苦讀不喊叫。
幾個人都說：「檯燈。」
第四句提示：常常伴我到天亮。
這個時候，大家都很肯定答案一定是檯燈。
（謎底：檯燈）

食品類

第一句提示：泥裡生出來。

大家馬上聯繫了許多農作物，譬如花生、豆子、竹筍等等。但誰都不能肯定是哪一個。

第二句提示：磨裡轉出來。

有小朋友想到了豆腐，也有小朋友想到了米麵。

第三句提示：蓋了四方印，挑到街上買。

這個時候，大家都很肯定答案就是豆腐。

（謎底：豆腐）

鳥類

第一句提示：黑褲子，黑大褂。

大家想到了燕子、大雁，麻雀等等。

第二句提示：愛在樹上叫哇哇。

有人說：「是燕子。」

但是馬上也有人反對：「不對吧，燕子是在電線上和屋簷下叫的。」

第三句提示：有人說它不吉利。

有人想到麻雀，也有人想到烏鴉。

第四句提示：除害本領還滿大。

歐蕭薔說：「那一定是烏鴉了，我經常聽到有人說烏鴉叫很討厭，可是烏鴉還滿厲害的，會幫忙抓害蟲，保護農作物。」

（謎底：烏鴉）

房老師問：「為什麼這個謎語在一開始的時候不能很快就確定答案呢？」

歐陽嫻說：「其實我覺得到最後也不是很確定。因為我在網路上看過一些資料，說麻雀的除害本領也很強呢，所以在湖南桂東縣還有一個『麻雀節』。」

房老師說：「那這個謎語，應該怎麼出才會比較好？」

李陽晨說：「當然應該從牠們不同的地方來寫啊。麻雀和烏鴉住的地方可不一樣，麻雀住屋簷的時候多，烏鴉住樹上啊。我覺得應該把那個『常在樹上叫哇哇』改成『常住樹上叫不停』。」

王晟說：「是啊是啊，還有牠們的個子大小有區別，烏鴉比麻雀大多了。有個『黑大褂』，應該是指『個子大』了。還有，『黑大褂』，麻雀好像不是黑的，是麻花的。」

房老師說：「大家都分析得很詳細喔。」

水果類

第一句提示：**彎彎樹上彎彎藤。**

有小朋友說：「葡萄。」

也有小朋友說：「是香蕉。」

房老師問：「為什麼？」

小朋友說：「香蕉的形狀是彎彎的。」

第二句提示：藤上掛著水晶鈴。

大家都覺得應該是葡萄，因為這是葡萄的特點。

第三句提示：水晶鈴，亮晶晶，酸酸甜甜眞好吃。

這時，大家都肯定的說：「一定是葡萄。」

（謎底：葡萄）

房老師說：「看來這是一個比較好的謎語了，因為大家的意見很快就達成一致，沒有什麼爭論。那麼，這個謎語到底抓住了葡萄的哪些特點來寫呢？」

歐陽嫻說：「第一句話寫出了葡萄藤的樣子，彎彎的；第二句用比喻寫出了葡萄很亮，像水晶；第三句強調了葡萄亮晶晶的樣子，還寫出了葡萄的味道，酸酸甜甜的，惹得我都快流口水了。」

房老師總結說：「歐陽嫻說得真好。好的謎語就像一篇好的文章，能夠抓住謎底的某些特點來寫。只要我們能夠觀察到這些事物的特點，就能夠猜出來了。」

快樂習作

根據你平常的觀察，替你最了解的事物寫謎語。看誰寫得最逼真、最有趣。

李陽晨的謎語

止有它方正，帥有它為師，大無它成人，土有它稱王。（猜一個字）

（謎底：一）

身穿黑白衣，頂著白肚皮，不怕冰雪厚，只在南極有。（猜一種動物）

（謎底：企鵝）

有雨它不怕，有日也喜歡，人人都用它，淋雨它最愛。（猜一個東西）

（謎底：傘）

王晟的謎語

身穿黑衣服，肚皮白又白；生活在南極，最喜歡吃魚。（猜一種動物）

（謎底：企鵝）

一隻小動物，眼睛紅又紅；尾巴短又小，喜歡吃蘿蔔。（猜一種動物）

（謎底：兔子）

外面綠，裡面紅；小黑點，味道甜。（猜一種水果）（謎底：西瓜）

小時穿黑衣，長大穿綠衣；小時有尾巴，大時才有腳。（猜一種動物）

（謎底：青蛙）

歐陽嫻的謎語

小小兩隻船，沒槳又沒帆，白天帶它到處走，夜裡停在床跟前。（猜一個東西）（謎底：鞋）

八隻腳，抬面鼓，兩把剪刀鼓前舞，生來橫行又霸道，嘴裡常把泡沫吐。（猜一個動物）（謎底：螃蟹）

管阿姨點評

猜謎語（包括猜字謎）因為有很強的遊戲性，所以小朋友的興趣都很高，雖然以上這些謎語都不能算是原創，不過，鼓勵小朋友從觀察、分析謎語，到自己花腦筋來寫謎語，也是一個刺激小朋友動筆的方式。

延伸活動

找東西

和爸爸媽媽一起走進雜貨店或者公園，然後各自選取一樣物品，細心觀察，然後用三、四句話描述這件物品的特點（但不能說出物品的名稱），比一比，看誰最先在店裡或者公園裡，準確找到對方說的物品。

第三課 讓細心觀察成為一種本能

一百多年以來，夏洛克・福爾摩斯一直是一個舉世聞名的大偵探，《福爾摩斯探案集》是推理小說中公認的經典，作者柯南・道爾（1859-1930）更是西方正統推理小說的代表性作家，對於整個世界推理小說的發展，有著非常巨大的影響和貢獻。

但是對於道爾本人來說，「夏洛克・福爾摩斯」的誕生，可以說是一個有趣的意外。

道爾原來是一個醫生。當年他在英國愛丁堡攻讀醫學期間，有一位貝爾教授，總是告訴學生在為病人作診斷的時候，一定要「眼、耳、手、腦並用」，後來許多評論家都認為，貝爾教授其實就是大偵探福爾摩斯的原型，至少福爾摩斯那麼善於觀察，就是貝爾教授關於診斷主張的一種發揮。

福爾摩斯觀察的本領到底有多厲害，以至於被譽為「簡直是世界上推理和觀察的最完美無瑕的機器」？在一八八七年刊登於《比頓聖誕年刊》上的長篇偵探小說《血字的研究》中，有相當精采的例子。大偵探福爾摩斯就是在這個故事中首度與世人見面。當時，道爾僅僅二十八歲，畢業之後在樸茲茅斯行醫，由於生意冷清，前來就診的病人少得可憐，道爾就開始利用業餘時間來創作偵探小說。也就是說，如果道爾的診所生意火爆，就不可能還有時間創作，那大偵探福爾摩斯很可能就一直留在道爾的腦海裡，所以前面才會說，世人能夠讀到這麼精采的推理小說，其中有一點意外的成分。

《血字的研究》一開頭，是以「約翰・華生」醫生的口吻說故事。華生想在倫敦找一個住的地方，友人史坦佛熱心的帶他去見一個叫作夏洛克・福爾摩斯的怪人，因為福爾摩斯剛剛找到一個很好的房子，正想要找一個室友一起分攤房租。

也就是說，一開始華生和福爾摩斯完全是素昧平生，一點也不認識。

我們現在就來看看道爾是如何以華生醫生的口氣和角度來描述。（別忘了接下來你讀到的那個「我」就是華生醫生。）

「這位是華生醫生，這位是夏洛克•福爾摩斯先生。」史坦佛替我們兩個人做了介紹。

「你好。」福爾摩斯熱情的跟我問好，並且以沉穩的力道和我握手，那手勁透露出來的訊息，讓人很難分辨他是否是一個誠懇的人。

「我看得出來，你剛打完阿富汗戰爭。」

「天啊！你怎麼知道的？」我驚訝的問。

華生本來以為是史坦佛告訴福爾摩斯的，其實不是，這完全是福爾摩斯自己透過觀察而推測出來的。

當他們成為室友一段時間以後，有一天，福爾摩斯把這些觀察和推理告訴了華生。

「……觀察對我而言是第二個本能，第一天見到你的時候，我說你一定打過阿富汗戰爭，你看起來似乎很驚訝的樣子。」

「不用說，一定有人事先告訴過你。」

「沒這回事。我『知道』你打過阿富汗戰爭。觀察一個人對我來說，已經是很容易的事情，因此常常在第一眼時，我就能馬上說出他的種種，而省略掉中間思考的過程。然而，在下結論之前，我的腦子裡其實有一些階段性的對話。那天見到你的時候，其實我腦子裡是這麼想的，『這個人是學醫的，但又帶點軍人的味道，顯然是一個軍醫。他的膚色黝黑，但手腕上有一圈沒被太陽晒到的部分，表示黑皮膚不是天生的，那麼他剛從熱帶回來。他憔悴的樣子代表剛經歷過一場大災難，生了一場重病。他的左手臂曾受過傷，因為他有意無意會不自然的用右手扶著。一個英國軍醫會在熱帶的哪個地方打了一場艱辛的戰爭，還傷了自己的一隻手臂？答案很清楚，就是阿富汗。』這一大串推論在我的腦海裡停留不到千萬分之一秒，於是我馬上脫口而出，說你剛打完阿富汗戰爭，結果你顯得一副很吃驚的樣子。」

是不是很神啊？

在作文的時候，很多小朋友之所以會覺得「無話可說」，沒什麼可寫，其實往往問題都是出在感覺遲鈍、對周遭的事物又總是視而不見。如果能夠多練習觀察，就能蒐集到很多的資訊和寫作材料。（文◎管家琪）

開心閱讀

在《福爾摩斯探案集》第一冊《血字的研究》中，柯南・道爾描述福爾摩斯初識華生的經過，是觀察細節很好的例子，相信孩子們讀來也會覺得很有趣味。

房老師的趣味語文活動

我的感覺不一樣

房老師手裡拿了一根油條走進了教室，說：「同學們早安，你們認識我手裡這個東西嗎？」

歐陽嫻說：「一根油條啊！」

房老師說：「這是一根怎樣的油條呢？」

方娜說：「這是一根黃澄澄的油條。」

房老師說：「方娜的眼力不錯，知道跟平常那些白油條不同。還有更多的說法嗎？」

王晟說：「一根長長的細細的油條。」

房老師說：「聽出來了，這根油條還能做成長長的、細細的了。還有嗎？」

李陽晨伸頭過來，做了一個深呼吸，說：「哇，好香的油條。」

大家都笑了。

房老師抓起油條，咬了一口，說：「這是一根黃澄澄的油條，長長的，細細的，很遠就有一股香味撲鼻而來，咬上去，甜甜的，脆脆作響。大家從老師的話裡感覺到是一根怎樣的油條呢？」

歐子怡說：「我好想吃啊，這是一根製作精細而且味道鮮美的油條。」

房老師說：「老師剛才說了什麼，能給歐子怡這樣的感覺呢？」

歐陽嫻說：「老師提到了油條的好幾個方面呢。」

房老師說：「是啊。怎麼樣才能夠說得好，關鍵在於要全副身心的觀察，不但用眼睛，還要用到耳朵啊、鼻子啊等等，好幾種感覺器官一起來觀察，只有我們自己先感覺到了，才能將美好的感受充分傳達給讀者。今天，我們就來做這樣的活動，學會用各種感官來觀察事物。」

接著，房老師講解遊戲規則：「我把今天的遊戲名稱叫作『我的感覺不一樣』，這是可以五、六個人一起玩的遊戲，每一個人先選擇要做『視覺大王』、『聽覺大王』、『嗅覺大王』、『味覺大王』和『觸覺大王』等等，然後選出一個人來主持。主持人拿出一個東西，可以是食物、玩具、或是動植物，各位『大王』只能從自己的角度來觀察這個東西，去說說自己所感覺到的部分，譬如『視覺大王』只能看這個東西，『嗅覺大王』只能聞這個東西等等。最後再把每一個人所感覺到的整合在一起，整理成文，就是一篇內容豐富的文章了。」

房老師示範做一個主持人，拿出了一個布做的兔子錘，讓幾個小朋友從自己的角度來好好觀察，說出自己感覺到的這個兔子錘。

擔任「視覺大師」的王晟上去了，她說：「我看到了一個粉紅色的大腦袋的兔子錘，尖尖的耳朵……」

王晟湊近了一些，「哦，上面還寫了一個『love』的英文單字。長長的睫毛下是一雙紅紅的小眼睛，可是沒有鼻子和嘴巴，整個身子就是一個圓柱體的手柄。」

「嗅覺大師」兼「味覺大師」歐陽嫻上去了，她有些慌張，因為這個又不是吃的，不可能有味道，不過她還是用鼻子聞聞可愛的兔子錘，確定一下是否沒味道。當她小心翼翼的將鼻子貼近兔子的耳朵，深深的呼吸一

下，馬上笑著說：「我聞到了一股淡淡的清香。」

「觸覺大師」歐蕭薔上去了，她摸摸兔子錘，大聲說：「好軟好軟啊！」

她將錘子一閃一閃的動起來。她還用臉貼著兔子的頭，好愜意的樣子。

這時，「聽覺大師」李陽晨出場了。她用兔子錘敲敲頭，說怎麼聽不到聲音。老師在一邊說別太急，用心聽。可李陽晨還是找不到聲音。這時，老師拿起錘子猛地一敲，兔子錘裡發出了一連串「哈哈哈哈」的笑聲，大夥兒都跟著笑了起來。

現在，不妨把大家剛才所感覺到的整合在一起。

好玩的兔子錘

這是一個粉紅色的大腦袋的兔子錘，尖尖的耳朵，上面還寫了一個「love」的英文單字。長長的睫毛下是一雙紅紅的小眼睛，可是沒有鼻子和嘴巴，整個身子就是一個圓柱體的手柄。

如果你小心翼翼的將鼻子貼近兔子的耳朵，深深的呼吸一下，你會聞到一股淡淡的清香。

摸摸兔子錘，你一定會大聲說：「好軟好軟啊！」你還可以將錘子一閃一閃的動起來，用臉去貼著兔子的頭，一定很愜意的。

這兔子還會發出聲音呢。只要你拿起錘子猛地一敲，兔子錘裡就會發出一連串「哈哈哈哈」的笑聲，聽的人也會不由自主的跟著笑起來。

這個兔子錘一定會給它的主人帶來無限的快樂。

房老師和大家一起欣賞了這篇成形的文章。

最後，房老師總結說：「『我的感覺不一樣』，真的是不一樣。每一個『大王』都能夠從自己的感官裡找到事物最美好的地方。不過，當我們自己去觀察的時候，不能只用一種感官去觀察，而是要善用每一個感官。我們應該好好鍛鍊自己的每一種感覺，練習全方位的去感受事物，只要我們能夠有豐富的體驗和感受，就會寫出優秀的文章來。」

快樂習作

老師分給每個小朋友一樣不同的東西，請每個人都要用視覺、聽覺、味覺等五種感覺去觀察它，並寫成文章。

花露水 ◎歐陽嫻

我家用的花露水的牌子叫六神花露水。

它很香，裡面裝滿了綠色的水。高高的瓶子上貼了一張紙，上面寫了很多字，告訴我們應該怎麼用。我用手一摸，手也很香了。我把它貼在臉上很涼快。它清涼舒爽，祛痱止癢。它的優點還真不少。大家家裡都有吧。

一個可愛的玩具 ◎李陽晨

今天，我向大家推薦一個喜羊羊玩具。

它看起來不怎麼樣，其實功能多著呢！淡淡的眉毛，可愛的小嘴巴，背後有一個發條，把發條擰緊，就可以使它身上的鼓打起來，很好笑。鼓下面還有一個袋子可以裝水。大家不能小瞧了這個玩具，或許從它身上可以學到不少知識呢！

請大家保護好自己的玩具，或許在你煩悶的時候還能給你帶來快樂。

鯊魚泡泡吹風機 ◎王晟

今天，老師給了我一個鯊魚泡泡吹風機。為什麼說是鯊魚泡泡吹風機呢？因為它的樣子很像鯊魚。泡泡是從鯊魚肚子裡的沐浴露變出來的。只要按一下手柄，就會從鯊魚的鼻子裡吹出泡泡來。要是它的肚子裡沒有沐浴露，就只會吹出風來。

你們說，這個鯊魚泡泡吹風機好嗎？

毛耳罩 ◎歐蕭薔

今天，房老師給我們每人發了一個玩具。要我們先觀察它的外貌，用耳朵聽它的聲音，用鼻子聞它氣味，用臉去感受它，用手去摸它。我的玩具是一個毛耳罩。

我先用手摸了摸，哇！它的毛好舒服呀！我仔細觀察了一下它，它的樣子很可愛：兩雙尖尖的耳朵豎立在頭頂上，好像在認真的聽別人講悄悄話。耳朵旁邊有一個粉色的蝴蝶結，非常漂亮。蝴蝶結下面有一雙橢圓形的眼睛。嘴巴是黃色的。我用鼻子聞了一下，不禁叫了出來：「好香啊！」又看了一下它，是一隻貓。我把它戴在耳朵上，「滋」的一聲，外面的吵鬧聲馬上變小了。

這個毛耳罩真可愛。

管阿姨點評

這幾個小朋友都寫得不錯，都能把自己的觀察寫進文章裡。不過有些地方，意思說得不大清楚，譬如陽晨小朋友說「大家不能小瞧了這個玩具，或許從它身上可以學到不少知識呢」，就讓人看得有一點糊塗。

蕭薔小朋友觀察得很生動，不僅是用眼睛看，也用心去體會，所以把觀察所得寫成文章後，自然顯得很豐富和生動。再加上蕭薔小朋友的文章讀起來有一種臨場感，讓大家讀著讀著很能夠身歷其境，那個可愛的毛耳罩彷彿就在我們的眼前，這一點很難得，大大增添了生動的感覺。

第四課 最後一片葉子

蘇艾和喬安娜是兩個同樣熱愛繪畫的女孩。她們倆一個來自緬因州，一個來自加州，半年多前偶然相遇之後，志同道合，一見如故，便一起在紐約格林威治村一棟三層樓公寓的頂樓，成立了她們的畫室。很多來紐約尋夢的藝術家都喜歡在格林威治村落腳，這裡的房子都很典雅，租金便宜，還有很多像蜘蛛網似的小巷子，可以輕易的就讓那些帶著顏料、畫布、紙張帳單前來收帳的人迷路。

一進入十一月，這一帶來了一個不速之客——那就是令人害怕和厭惡的肺炎。偏偏喬安娜遭到了這位不速之客的侵擾，頓時病得不輕，每天只能一動也不動的躺在油漆已有些斑駁的鐵床上，透過荷蘭式的小玻璃窗，呆呆的望著窗外。

這天，忙碌的醫生把蘇艾叫到走廊上，低聲說：「依我看，情況很不樂觀，十成希望現在只剩下了一成，而這一成的希望完全在於她自己的求生欲望。這個姑娘好像已經認定自己好不了了，這實在很糟糕！她有什麼心願嗎？」

「有啊，她希望有一天能去畫畫義大利的那不勒斯海灣……」

「那妳就盡量鼓勵她吧。」

送走醫生以後，蘇艾先悄悄哭了一場，然後振作精神，還故意哼著流行的爵士調子，裝模作樣的來到喬安娜的房間。

喬安娜還是面朝著窗戶，靜靜的躺著。蘇艾以為喬安娜睡著了，趕緊停住不哼了。但是過了一會兒，她聽見喬安娜好像在咕噥些什麼，湊近一看，這才發現喬安娜醒著，眼睛睜得大大的，正在數數兒，是倒著數。

「十二，十一，十，九，八，七，」

蘇艾看看窗外，弄不懂窗外有什麼可數的；窗外能看到的不過是一個冷清的院子，和另一座磚屋的牆壁，一株年代久遠的長春藤爬了半面牆。寒冷的秋風幾乎剝光了藤葉，骨架一樣的枝條光禿禿的攀在老舊的磚頭上。

「怎麼回事？」蘇艾問。

「六，」喬安娜的聲音虛弱得好像是在耳語，「現在掉得更快了。三天前差不多有上百片，讓我數得頭疼，現在就簡單了……又掉了一片，五……」

「五片什麼？」蘇艾還是沒弄明白。

「葉子啊，長春藤上的。等到最後一片掉下來的時候，我也得走了，三天前我就知道了，難道醫生沒告訴妳？」

「哦，我從來沒聽過這種胡說八道的話，妳別胡思亂想了……」蘇艾拚命的想要鼓舞喬安娜。

但是顯然沒什麼用，喬安娜還是說：「我要看著最後一片葉子掉下來，我也要像一片可憐的、疲倦的葉子那樣飄下去，飄下去……」

稍後，蘇艾來到樓下找老貝爾曼，想要找他當模特兒。蘇艾剛接了一份插畫工作，明天就得交稿，她盤算拿到稿費以後，正好可以給喬安娜買些營養的東西。

貝爾曼已經六十多歲了，就住在她們樓下。他本來也是一個畫畫的，一直很失意。他總是嚷嚷著要畫一幅傑作，可至今都還沒有動筆。這幾年他除了畫一些商業廣告畫之外，就靠著給這些請不起專業模特兒的年輕藝術家當模特兒，掙幾個小錢餬口。

貝爾曼向來很關心這兩個年輕的女孩。當他得知喬安娜的怪念頭時，馬上大喊道：「世界上竟有這樣的傻瓜！看到該死的長春藤掉葉子就想到死？」

「可是……」蘇艾哭喪著臉，「她好像是很認真的！」

他們都不約而同看看窗外那株長春藤。這時，一場冷雨下得正大，還夾雜著雪花。兩人都沉默著，心情都很沉重。他們都知道，長春藤上的藤葉恐怕很快就會全部掉光了。

回到房間，蘇艾趁著喬安娜正在熟睡，趕快把窗簾放下來。

第二天早晨，喬安娜再三要求把窗簾拉上去。蘇艾沒辦法，只得無精打采的照辦。

可是，看啊！在下了整整一夜的暴雨，還颳著大風之後，居然還有一片藤葉緊緊貼著磚牆呢！

「這是最後一片了，」喬安娜說：「我本來以為它在昨天夜裡一定會掉下來，那個時候我也要死了……」

一天慢慢的過去，喬安娜一直留意著那片藤葉。

夜幕降臨，北風又起，雨點依舊敲打著窗子。

第二天，天色剛亮，喬安娜又堅持一定要蘇艾把窗簾拉起來。

啊！她感到非常驚訝！那片葉子還頑強的待在那兒哪！

終於，喬安娜說：「我真是一個壞女孩，不想活下去是一個罪過，一定是老天爺讓那最後一片葉子留下來，讓我知道我有多壞！蘇艾，幫我拿個枕頭讓我靠著，我想坐起來。」

一個小時以後，喬安娜又說：「蘇艾，將來哪一天，我想去畫那不勒斯海灣。」

下午，醫生來了。當醫生離去的時候，告訴蘇艾：「嗯，很好，現在她好起來的希望有五成了！」

然而，就在喬安娜已經脫離危險並且逐漸康復的時候，她才知道樓下的貝爾曼先生死了。貝爾曼先生患的也是肺炎，因為他年老體衰，病勢又來得凶，僅僅兩天就過世了。貝爾曼先生怎麼會突然染上肺炎呢？原來，在前兩天夜裡，當最後一片葉子落下的時候，他冒著風雨完成了他的傑作，那就是在牆上畫上一片永不凋落的葉子。（原文◎歐亨利，改寫◎管家琪）

開心閱讀

歐亨利（1862-1910）一生創作短篇小說三百多篇，開創了美國短篇小說的新氣象，被譽為「美國短篇小說之王」。

評論界經常用「含淚的笑」來形容歐亨利的作品風格，他的作品經常縈繞著一種淒婉的情調，卻又能讀到一種喜悅和希望，即使是卑微的、微不足道的小人物，也能在最無奈的情況之下找到希望，並發揮人性中善良的光輝；就像《最後一片葉子》的故事中，那個窮途潦倒、一直畫不出傑作的老畫家貝爾曼，為了挽救一個女孩，為了激發女孩的求生意志，冒著風雨悄悄在牆上畫上一片葉子，結果，就是靠著這片葉子，給了女孩無窮的希望和力量。

「希望，是最好的良藥。」可以說是這篇作品的主旨。我們不妨引導小朋友多注意這一點，進而領會在我們提筆作文之前，一定要先想好自己想要表達的重點，也就是文章的主要精神，這樣寫起來，文章往往會讓人感覺更有內容。

房老師的趣味語文活動

樹葉貼畫說故事

（教師準備工作：在上課的前一天，先請小朋友蒐集各式各樣的樹葉，每人準備一張大白紙、剪刀、膠水等。）

房老師說：「請大家出示一下這幾天所蒐集到的樹葉，看看有哪些不一樣的葉子？」

李陽晨說：「我撿了大大的梧桐葉，還有像牙籤一樣的松針葉，和山形的楓樹葉。」

歐陽嫻說：「我撿的一些樹葉，我連名字都不知道，但是都很好看。有的像梳子，有的像巴掌，有的像刀叉呢。」

王晟說：「我的葉子有的圓，有的尖。」

歐子怡說：「我的葉子啊，有紅的，也有黃的，還有深綠的，也有淺綠的。很美啊！」

大家都不斷補充一些別人沒有說到的地方。

房老師說：「是啊，大自然這個造物主，連一片樹葉都是千差萬別，各種各樣。今天，我們就是自己的造物主。請大家運用這些自己蒐集來的樹葉，把這些樹葉當作材料，然後拼出一幅圖畫來，這叫作『樹葉貼畫』。不過，在動手做『樹葉貼畫』之前，請大家一定要先想一想，你想用這些樹葉拼出一幅怎樣的畫面？也就是你想告訴別人一個怎樣的故事？我希望每一位小朋友都能運用你手中的葉子，在白紙上貼出一個精采的故事。」

孩子們開始行動了。他們拿起一片片樹葉，不斷比劃著該放在哪兒最好。有的孩子很隨意的將大樹葉放在白紙中間，然後將一些小的樹葉貼在周圍；有的孩子還拿起了剪刀，修整那些過大、過長的葉子；有的孩子則拿起筆在紙上先畫些框框，再貼樹葉。

整個貼樹葉的過程是熱鬧的，也是快樂的。哪怕是皺著眉頭老半天不說話的孩子，一旦貼上樹葉後，也笑開了。

房老師說：「現在大家都已經完成了樹葉貼畫，接下來，我希望每一個小朋友都能為自己的作品取一個好聽的名字，並且告訴大家自己樹葉貼畫的故事。」

歐陽嫻第一個拿著她的作品上台，她給作品取名為《減肥的斑馬》，她說：「我最喜歡斑馬了，我看到自己手裡有很多松針葉子，就想到斑馬的斑紋，我就用松針葉做成斑馬的整個身子，結果最後一看，斑馬好像一點也不健壯，我想牠大概正在減肥，所以就取名《減肥的斑馬》。」

李陽晨說：「我要講的故事是《發怒的獅子》。我覺得我的楓葉很像獅子的頭，而且那像『山』字的葉尖，好像正在發怒的獅子頭上的毛髮。」

王晟說：「我的故事是《找媽媽的金魚》，你們看，我故意將一些葉子剪出一些圓圈來，放在金魚的嘴巴上面，你們千萬不要以為牠在吐泡泡玩，牠是正在和上面的大烏龜說話，要找媽媽呢。」

歐陽子怡問：「那大烏龜在哪兒？」

王晟說：「我的紙太小了，你沒看到那些泡泡都快冒到紙外面去了啊？」

大家都哈哈大笑起來。

房老師總結：「同樣的楓樹葉，有的小朋友用它做獅子的腦袋，有的做一座小山，這是因為每一個人都有自己的世界，說自己的話，有自己的想法，才會有那麼多可愛的故事出現。希望大家以後在下筆之前，一定要先仔細的想一想，想清楚『我到底想要說一個怎樣的故事』，想清楚了，再運用手頭適合的材料來說明和發揮，就好像做『樹葉貼畫』一樣。」

快樂習作

請小朋友針對「樹葉貼畫」的活動寫一篇作文。

請小朋友先想一想，自己對於這個活動有什麼感覺？哪一幅作品令自己的印象最深刻？並且結合前面兩課有關訓練觀察力的內容，把自己所看到的、特別是把自己喜歡的「樹葉貼畫」作品加以描述一番。

有趣的樹葉貼畫展 ◎歐陽熙

今天中午，房老師帶了許多同學的樹葉貼畫來教室。

老師先拿起一幅飛蟲的畫給我們看。飛蟲的翅膀是由兩片葉子剪成四半，身子是一片枯黃的葉子做成的，好像要展翅高飛。它的背面是一隻螳螂，由一片綠色的葉子疊成的身子，再加上幾根樹枝做腳，一隻充滿生機的螳螂就做好了。

還有黃色的金魚。它是用一片剪了一半的葉子做身子，然後在這片葉子上用黑色的水性筆畫金魚的頭，又用黃色的梧桐葉做尾巴，圓形的葉子做泡泡。好像是一條美麗的金魚在水裡游來游去，調皮的吐著泡泡，我忍不住想去捉住它。

第三幅畫是一朵花。這朵花的中心部分是圓形的，綠色的小葉子，花瓣也是綠葉做成的，一共有五片。這看起來多像一朵盛開的鮮花啊！我忍不住把它捧在手裡，久久不放。

有趣的畫展結束了，但我還想再多看一眼這幾幅樹葉貼畫啊！

好一幅金魚圖 ◎李子園

在一次樹葉貼畫畫展中，我最喜歡的是金魚貼畫，看上去，小金魚正在吐泡泡呢。

我覺得這幅畫最有創意了。小畫家將一片葉子剪掉一半，另一半就成了金魚扁扁的腦袋。一片大楓葉就成了金魚漂亮的尾巴。還有一片綠色的葉子剪成了幾個大小不一的圓圈，把小圓圈們貼在金魚的嘴巴上，由小到大，好像金魚的圓圈在水裡不斷的擴大，向水面冒出來呢。

這幅畫的顏色也很漂亮，紅的尾巴，綠的泡泡，黃色的身子。我久久盯著這條金魚，想著：這位同學長大了，一定會成為美術設計師。

我的獅子王 ◎鄒爍宇

一天下午，放學了，我很快回到了家裡，把書包一扔，一個人跑到樓下的院子裡，摘了各式各樣的葉子，有的像針一樣，有的像一顆愛心桃。

我高興的回到房間裡，貼了一隻獅子王。那大楓葉就成了獅子的腦袋，像針一樣的葉子成了獅子的毛髮。到了第二天，我交給葉老師，葉老師誇我的畫真漂亮。我多麼高興啊！

管阿姨點評

這三篇作品都寫得很不錯，尤其是三篇作品的結尾都處理得相當好。這真的很不容易。

歐陽熙小朋友和子園小朋友在描述樹葉貼畫方面也非常出色，不僅細膩，還有滋有味，看得出確實都是小朋友真心喜歡和欣賞的樹葉貼畫，所以小作者的情感也就自然而然的流露出來了；所謂「筆尖常帶感情」，就是這樣的一種感覺。

延伸活動

點石成金

和家人一起搬出廢棄的易開罐、寶特瓶、舊日曆紙、舊牙刷等等，然後各自動動腦筋，從中選取自己需要的廢棄品，用智慧和巧手做出小小裝飾品。還可以把這個過程寫成一篇溫馨的故事哦。

第五課 愛的教育

小時候，一看到這本書的書名就有點兒怕。因為，大人老喜歡把「教育」兩個字掛在嘴邊，而大人所謂的「教育」，往往不是打就是罵，反正當大人說要教育小孩子的時候，小孩子就要倒楣了，而居然有這麼一本書，把「教育」兩個字印得斗大，還當成了書名，豈不是要嚇死人了？

後來，有一次在無意中翻閱，才發現和我原先想像的完全不同；我發覺這本書還挺好看的，有好多故事，讀完之後，就算是像我這種淚腺遲鈍的人，也會覺得鼻頭酸酸的，好想哭喔。

這本書的作者，是義大利作家艾德蒙杜‧特‧亞米契斯（1846-1908）。這本書於一八八六年首度在義大利出版時，書名叫作《心》，挺感性的，當然可能也有點兒抽象。一九二二年，知名作家夏丏尊先生根據英、日譯本翻譯成中文，並將書名定為《愛的教育》。

這個書名其實頗得這本書的精髓，因為這本書確實洋溢著濃濃的愛，也確實飽含深厚的教育性。作者亞米契斯藉由一個四年級小男孩安利柯的眼光，記錄他四年級這一學年學校生活的點點滴滴，再由一則一則動人溫馨的生活故事，以及精心安排的「每月故事」，傳達了許多可貴的教育性，包括希望引導教育小朋友熱愛國家、熱愛學習、熱愛家庭、熱愛老師和同學、熱愛高貴的品格（譬如「英勇」、「犧牲」、「堅忍」、「善良」等等）。

亞米契斯顯然是抱持著崇高的使命感來寫這本書。為什麼他會有這樣的使命感呢？這就必須從亞米契斯個人，以及創作這本書的時代背景開始說起。

亞米契斯的家鄉是在義大利北部的一個小鎮。他曾在陸軍學校就讀，後來從軍，曾參加過著名的庫斯托塞戰役。服役期間，亞米契斯開始嘗試文學創作，並開始發表文章，後來他把在部隊報紙上所發表的作品集結為《戰鬥的生活》一書。一八七二年，亞米契斯又集結出版了短篇小說集《小說》和《波熱梯》，大受歡迎，從此脫離軍旅生活，專事創作。

在《小說》和《波熱梯》這兩本書出版的前幾年——一八六六年，義大利發生了一件大事：在飽受多年動盪和分裂之苦後，在這一年，義大利終於統一了！這對於每一個義大利人來說，自然是一件激動萬分的事，而對於擁有軍人背景的亞米契斯來說，體會一定格外深刻，因此，在他決定要開始專事創作的時候，就很想寫一本描繪「統一後的義大利」這樣的作品。

《愛的教育》於一八八六年出版，也就是義大利統一之後的二十年，當時這是第一本描繪統一後社會情景的作品，問世之後，立刻造成極大的轟動。這也是亞米契斯一生中最受歡迎且影響最大的作品，一百多年來歷久不衰，在世界各地都擁有廣大的讀者。

特別要強調的是，儘管這本書很有教育性，但讀起來一點也不枯燥乏味，特別是亞米契斯透過老師講述給同學們聽的「每月故事」，更是全書的菁華，完全經得起時間的考驗，至今讀起來仍是那麼溫馨動人，引人入勝。譬如在〈船上的愛國少年〉中，一個可憐的落魄少年，為了維護國家的尊嚴，寧可不要別人的施捨；〈少年鼓手〉中，為了拯救同袍的英勇少年，竟因此犧牲了自己寶貴的一條腿；〈小抄寫員〉中，為了暗中幫助為父親分擔家計的貧困少年，即使遭到父親的誤會也無怨無悔……都非常的真誠感人，值得一讀再讀。取材自《小學生必讀的40本好書》管家琪◎著，幼獅）

開心閱讀

「有哪些高尚的品性是我們應該追求的？」——這似乎是作者亞米契斯創作《愛的教育》的初衷。或許是因為在寫作之前，亞米契斯已經過非常深刻且周密的思考，非常清楚自己到底想要說什麼，所以這本為孩子們量身打造的《愛的教育》，才會具有如此強勁的生命力吧。

房老師的趣味語文活動

搶椅子

房老師將四把椅子椅背靠椅背的擺成一個圓圈，對同學們說：「大家玩過『搶椅子』的遊戲嗎？今天老師也想帶大家玩玩這個刺激的遊戲。不過我們作文課堂上的『搶椅子』遊戲，跟平常玩的有些不一樣，大家看看我們這四把椅子上面都寫了些什麼字啊？」

（注：「搶椅子」和「大風吹」遊戲的性質很接近。）

大家一邊看、一邊讀起來：「『班級幹部競選台』、『夢想劇場』、

『無憂谷』、『絕活秀』、『乖乖牌』。」

歐陽嫻問：「我不知道『夢想劇場』是什麼意思？」

房老師說：「有人知道嗎？請幫幫歐陽嫻。」

李陽晨說：「我想是要我們講自己的理想吧。我看到電視裡有這樣的節目，都是能夠實現一些人的夢想的舞台。」

房老師接著介紹：「我們每次派五個同學上台來搶這四把椅子，沒搶到的同學要選擇其中一把椅子，搬到旁邊去坐。如果你選的是『班級幹部競選台』，你就要坐在椅子上發表你的幹部競選演講；如果你選的是『夢想劇場』，你就要坐在椅子上講述你的理想；如果你選的是『無憂谷』，你可以講你的煩惱，也可以講你快樂的事情；如果你選的是『絕活秀』，那你一定有很多絕活想要向大家講一講囉；如果選的是『乖乖牌』，就講一講你在家裡經常被誇獎的事。總之，你想要講什麼，就選哪一把椅子就行了。如果你什麼也不想說，那就要眼尖一些，腳靈活一些，希望自己每次都搶到椅子了。」

大家對「搶椅子」遊戲向來特別喜歡，現在有了特別的要求，大家一邊緊張，一邊不斷看著那四把椅子上的要求，想著待會兒萬一沒搶到椅子的時候，要說哪一個主題？

很快的，五個小朋友都站到了椅子旁邊。

房老師說：「我喊『預備走』，大家就走，喊『跑』，大家就跑，喊『後轉』，大家就後轉。一切聽我的口令，喊『停』的時候，才能抓一把椅子坐下來。預備——順時針走，走，一二一——向後轉——小跑——」

大家按照房老師的口令，都非常謹慎的照做。

過了一會兒，房老師喊：「停！」

結果，歐子怡沒搶到椅子。

歐陽子怡看著那四把椅子，好像每一把椅子都有話說，又覺得不好說，後來她選擇了「夢想劇場」。她說：「我的夢想是當一名作家，因為我愛讀書，也愛寫文章。我還有文章發表了，老師也經常在班上讀我的作文呢。」

房老師說：「說得很真誠，今天你就寫這篇作文，不過希望你將自己的想法寫得再具體一些。」

第二輪「搶椅子」又開始了。

現在是四個人搶坐三把椅子。

第二輪，歐蕭薔沒搶到椅子。她馬上抓起一把寫著「乖乖牌」的椅子坐下來，她說：「我是故意出局的，我擔心別人會把這把『乖乖牌』的椅子搶去，我沒當過班幹部，也不想當，我肯定說不好。我也談不上有煩惱。我最想說的就是我是一個乖乖牌，因為我在家裡很聽話，每天幫家裡做很多事情，在學校裡從不違反學校和班上的紀律，老師跟同學們都很喜歡我。」

大家都情不自禁的鼓掌。

房老師說：「看來歐蕭薔很有主見啊。不過，我希望下面三個同學不

要急著出局來拿椅子了。」

於是，第三輪又開始了。

這回是李陽晨出局，她抓走了那把「無憂谷」，她說：「我有一件傷心後悔的事，就是我打了一個比我小的孩子，我到今天還不能原諒自己。藉今天這個機會，我就說出來。我可不是一個以大欺小的人啊！」

房老師帶頭鼓掌：「看來老師今天設置的這些椅子，還真能為大家帶來快樂呢。好的，繼續。」

第四輪出局的是王晟，她抓走的是「絕活秀」，她說：「我最擅長的是跳繩。我能夠和老師一起比一分鐘跳多少下，還能和同學比看誰跳得比較久，我都贏了。」

接下來出局的是方娜，她說：「我不說。因為這裡只有這把『班級幹部競選台』，而我又不想要。老師，我就不說了吧。」

房老師問大家：「大家覺得怎麼樣？要不要方娜說？」

有的要方娜說，也有人支持方娜不說。

方娜說：「我覺得我現在還沒有當班級幹部的想法。再說，只有一把椅子，我沒有別的選擇啦。」

房老師總結說：「看來方娜真的是無話可說了。好吧，那我們就不勉強她了。『搶椅子』是充滿刺激性的遊戲，但從選擇椅子更可以看出，我們在發言的時候，還是要很有選擇性的。就像方娜，在別無選擇的情況下就無話可說了。這和我們寫文章一樣，一定要選擇自己能夠說的，甚至是自己所熟悉、所擅長的主題，在『有話可說』的情況之下，才能夠寫好文章。」

快樂習作

讓小朋友寫一篇與自己有關、從自己身上去尋找素材的文章，不過要先想好自己想要的主題，比方說是想多交到幾個好朋友，還是讓大家知道自己有多乖？

我是一個乖孩子

◎歐蕭薔

我想做一個人人都誇的乖孩子。

每天吃完飯，我會幫媽媽洗碗。有時還會幫媽媽洗衣服、掃地……，自己的房間自己整理。

我幾乎每天都要做很多這樣的事。媽媽有時還會給我零用錢獎勵。我現在存了三十多元了。

在學校裡，我聽老師的話，尊敬老師，友愛同學。每天認真完成老師規定的作業。從不說髒話，不打架，還主動幫同學掃地。老師經常在班上表揚我呢。

我的煩惱

◎李陽晨

我有一件煩惱的事，那就是我打了一個比我小的孩子，我可是一個從不以大欺小的人啊。

那一次，我跟媽媽、妹妹去超市買東西。妹妹突然拿起我選的巧克力丟回籃子裡，我抓回來，她又丟回去。我簡直氣壞了，我打了她一巴掌。妹妹氣得哇哇哭，就跟媽媽回去了。

雖然後來她又開心的跟我一起玩，我還是覺得對不起她。因為她聽不懂我的道歉，我不算是一個合格的姊姊。

和我交個朋友吧

◎王晟

我叫王晟，今年九歲，個子不是很高，不過人很靈活的。我彎彎的眉毛下有一對圓圓的眼睛。

我喜歡跳繩、看書和玩遊戲。有一回和朋友在操場玩跳繩，連上課了也不知道。不過我不喜歡跳舞，有次和朋友一起報名跳舞，錢都交了，我只去了一次，就不想去了。我也不喜歡穿裙子。

我喜歡整天說啊笑啊，天天開心。如果你和我交上朋友了，我會將我的快樂傳給你，讓你和我一樣，整天開心極了。

一封漂流信

◎歐陽嫻

親愛的朋友：

你好！

我叫歐陽嫻，今年快滿八歲了。我在湖南岳陽市南江鎮中心小學三年級六一班讀書。我的個子不高也不矮。長長的頭髮，一張瓜子臉，一雙水靈靈的眼睛。

我的個性溫柔，喜歡和好朋友一起玩耍。

我喜歡看書。有一次連媽媽叫我吃飯都沒聽到。反正只要有一丁點時間，我就去書店看書。我不只喜歡看書，還喜歡旅行、踢毽子……。

如果是你收到我這封信，和我有著相同的愛好，希望你能給我回信，讓我們成為筆友吧。

祝
好！

你的朋友　歐陽嫻
二〇一一年二月八日

我想當一名作家

◎歐陽子怡

我的理想是當一名作家。

我看過許多作家的故事，許多簡單的事物在他們筆下，都變得非常有趣好玩了。我也想和他們一樣，用快樂的眼光去看生活。

我喜歡和朋友一起玩，和別人討論問題，也喜歡到大自然裡觀察，也喜歡寫日記。

我只喜歡看一些簡單的童話書。但老師說，這樣是當不成作家的。我正在努力多讀一些童話以外的書。我希望長大了向冰心等大作家學習，寫出充滿愛心的作品來。

管阿姨點評

寫跟自己有關的作文，看起來好像很容易，因為可寫的素材好像很多，又都是我們所熟悉的，似乎比較容易寫得好，但是也有一些地方必須特別注意。

比方說，在下筆之前，要多想想哪些是自己想要寫、同時你判斷別人也會感興趣的事？其次，因為是寫自己很熟悉的事，在敘述的時候，要特別注意不要太過馬虎（當然也不要太過冗長），畢竟別人不是我們肚子裡的蛔蟲呀，有些細節如果我們不說清楚，別人是弄不明白的。

此外，歐陽嫻小朋友的〈一封漂流信〉，這個題目定得真好，很有創意和詩意，讀完之後也能讓人感覺到文章的內容和題目十分相符，在許多寫自己的文章中，是一篇相當令人耳目一新的作品。

第六課 環遊世界八十天

故事是從一次打賭開始的。

有一天，福克先生對俱樂部的朋友說，他只要花八十天就可以環遊世界一周，朋友們都不信，大家就開始打賭，賭注是兩萬英鎊！這在當時可不是一個小數字！

於是福克先生帶著他的僕人展開了這項特別的旅程。這主僕二人，在個性上呈現出鮮明有趣的對比；福克先生沉著、冷靜，有些一絲不苟，忠心耿耿的僕人則是一個頗有喜感的小人物。

一路上他們碰到了好多意外，甚至可以說「險象環生」，最後當他們終於趕回倫敦時，非常遺憾的比預定時間晚了五分鐘……福克先生輸了，為了這一次的打賭，他徹底破產了！

就在讀者們都在為福克先生感到惋惜和難過時（畢竟，只差了區區五分鐘，實在是太可惜了！），故事的結局居然有了出人意表的變化——福克先生到第二天晚上才猛然弄清楚，他們的旅程是由西往東走，所以每當他跨過一條經線，就提前四分鐘看到日出，因此在不知不覺中剛好多爭取到一天的時間！原來，福克先生還沒有輸！

整個故事遂進入最後的高潮。福克先生馬上跳起來，火速朝俱樂部衝去——最後，福克先生總算在最後一刻趕到了俱樂部，贏得了比賽。讀到這裡，相信讀者們都會有一種暢快淋漓又心滿意足的感覺。

結局那番出人意表的變化，當然是作者儒勒・凡爾納（1828～1905）所精心設計的，這也正是凡爾納科幻小說作品的一大特色；凡爾納作品中所表現的「科幻」色彩，其實都是植根於當時所能獲知的一切科學知識之上，並不是天馬行空式的「純幻想」。

也正因為如此，凡爾納被稱為「科幻小說之父」以及「科幻小說的鼻祖」，他的許多作品如《環遊世界八十天》、《氣球上的五星期》、《海底兩萬里》、《格蘭特船長的兒女》等等，到今天仍然擁有無數廣大的讀者。在凡爾納之前，歐洲早在十七世紀就已經開始從事科幻小說創作，但可以說是直到凡爾納，才讓科幻小說真正成為一種「文類」，奠定了科幻小說在文壇的地位。

凡爾納出生於法國南特，從小就渴望旅行，渴望冒險，自三十五歲那一年他寫出第一本科幻小說《氣球上的五星期》，獲得成功之後，凡爾納就透過文字、透過一部部作品，來進行他獨特的冒險。

凡爾納非常用功，據說他經常待在圖書館，自修所有的科學知識，這使得他的科幻小說獨樹一幟，別人很難模仿，也很難超越。凡爾納也相當勤奮，至七十七歲辭世為止，一生共創作了八十多部作品。

（取材自《小學生必讀的40本好書》管家琪◎著，幼獅）

開心閱讀

「科幻小說之父」凡爾納總是花很多時間在圖書館裡找資料，所以他的科幻小說在當時總是含有濃厚的科學知識的味道。

我們這一課的重點是想提醒小朋友們：蒐集材料的重要性。希望作文寫得好，不能僅靠著坐在那裡想破腦袋，也要靠用功；用功什麼呢？就是平時就要像凡爾納那樣，廣泛的閱讀和吸收。此外在下筆之前，最好也能夠先蒐集相關資料，這樣一定可以使文章的內容更豐富。

小朋友們要有一個觀念，其實我們平時就在為作文作準備。我們平時的生活、平時的閱讀，也都是在為作文不斷的蒐集消化各種資料和素材。

不過，有時臨場需要作文的時候，這些平日所累積的素材和資料，往往不容易快速的和作文題目連結起來，這個時候該怎麼辦呢？下面房老師就要為大家介紹一個好辦法，請大家先跟著房老師進行「時空隧道」這個語文活動，細細的領會吧。

房老師的趣味語文活動

時空隧道

房老師說：「大家是否聽說過《聊齋誌異》與《徐霞客遊記》這兩本書？有人說，蒲松齡為了蒐集寫《聊齋誌異》的資料，特別在驛道上設了一個茶館，免費供路人喝茶，就為了想要聽路人講故事；而徐霞客的遊記則全是來自他長年累月在各地的遊歷。所以，學會蒐集資料，也是寫作的一項基本功。」

房老師繼續說：「今天房老師給大家帶來一個蒐集材料的魔法武器，它會讓你很快就想起一些差點兒就忘了的事情，那就是——『時空隧道』。大家應該看過一些電視劇，說某個現代人通過時光隧道回到古代，看到了許許多多的事情。小朋友們，萬事萬物都是生活或者存在於時空裡，假如我們鑽進了事物的時間或者空間隧道，就能掌握事物的許多相關資料，那樣寫起文章來就會輕鬆多了。」

接著，房老師說：「我想問問大家，現在要你一口氣說出自己經歷過的事情，你一口氣能夠說出多少件呢？」

大家嘟囔著，好像很費力的說了幾件好玩的事情之後，就表示不知道該怎麼再繼續說下去。

歐陽嫺說：「好像有很多，但又說不出來。」

房老師說：「來吧，走進時空隧道，你可以按照你從很小時候的生活一直到現在，從最遙遠的時間開始想，比如我還記得剛進幼稚園的那幾天，在那幾天裡我都做過什麼；接著再往後面的時間來想，在每一個階段裡，你一定會有一些比較特別、好玩、難忘的事情。按照時間的線索來回憶，你就很容易想起、也就是蒐集到自己做過的事情。你也可以回想你走過的每一個地方，不管是什麼地方，你都不可能平白無故的走過，一定都會有些事情發生。可以說，每一個時間段裡，在每一個地方，都會留下你許許多多美好的或不美好的故事。」

房老師開始讓孩子們先口頭說說自己經歷過的、還能夠記得的時間，並簡要敘述在那個時間裡，還想得起來的事情。

SWISS MADE

歐陽嫻說：「我想說作文課的時間，我記得和老師玩的遊戲。還有昨天中午吃飯的時間，我記得媽媽給我做了許多好吃的。」

方娜說：「我想說剛才下課的時間，我和同學玩跳繩。還有，去年過年的那個晚上，我得到了一本書呢。」

房老師小結：「有的時候，你極力想要回憶起某一件事，卻往往怎麼也想不清楚，而時間的書頁是很容易翻開的，只要順著時間去想，就比較容易記起自己在每一個時期所留下的一些故事。用『時間』在我們的記憶庫裡搜索素材，是一種很好用的方式。」

房老師又讓孩子們在紙上寫一些自己去過的地方。房老師說，不是專指旅遊過的地方，不妨先從生活圈裡去過的地方開始寫起。

孩子們一邊寫一邊說著，愈寫愈多。有的從一個地方寫到了六十幾個地方，平常有些懶的孩子也寫了五十三個地方，而且一邊說、一邊還會聊起在那個地方的故事。

這些都是小朋友日常生活中經常會去、或是曾經去過的地方，譬如家裡、超市、遊樂場、動物園、餐廳、學校、房老師家、山上、外婆家、奶奶家、姑姑家、玩具店、長沙、杭州、岳陽、公車上、賓館、飯店、海底世界、街上、幼稚園、同學家、醫院、樹上、廚房、臥室、教室、陽台、廣州、廣場、公園、溜冰場、網咖、圖書館、菜市場、菜園……

房老師設計了五十幾張紙條，每張紙條上面都寫著一個地方，譬如學校、公園等等，然後讓小朋友隨意抽出三張紙條，紙條上面寫著什麼地方，小朋友就要說說自己在這個地方做過什麼，以及發生什麼故事。

王晟抽中了「姑姑家」、「家裡」和「玩具店」。

她像放電影一樣，先拿起「姑姑家」——我和妹妹一起玩，「家裡」——我玩電腦，「玩具店」——我會將玩具摸上一遍。

大家一致公認王晟是一個貪玩的孩子。

李陽晨：「長沙」——去「世界之窗」遊樂場玩，「岳陽」——遊岳陽樓，「家鄉」——去幕阜山玩。

大家都說李陽晨是一個愛旅行的孩子。

歐陽子怡：「廚房裡」——一邊燒開水、一邊看書，「圖書館」——最後一個出門的，「外婆家」——占據電視讀書頻道。

房老師總結：「小朋友，當我們面對一篇習作無話可說的時候，不妨試試看走一走『時空隧道』，想像一下自己在不同的時間或地方，這樣就會比較容易回憶起作文的素材了。」

快樂習作

讓小朋友先回想一下，選定一個特別的時間，或是選定一個特別的地方，或是把「時間」和「地方」配合著一起想，接著再想想，在那個時間、或是那個地方，曾經發生過什麼令人印象深刻的事。

辭歲

◎歐陽子怡

除夕之夜，我們小孩子可開心了，因為我們都要拿個燈籠辭歲去呢。

（注：「辭歲」是大陸小朋友於大年夜到各家各戶去問好的習俗。）

一路上，可真熱鬧。街道上，有的小孩提著燈籠跑來跑去；有的拿著仙女棒放著；有的拿著辭歲得來的糖果點心吃著。

我也不例外，拿了一個袋子跟著一個大姊姊鑽進一家又一家。一戶戶人家裡，都是客客氣氣的。有的在玩電腦，有的在看電視，有的在和家人朋友聊天。我們客氣的辭歲，主人也會說：「也祝你過紅年哦！」（注：「過紅年」是大陸的一種吉祥話，意思是說「過一個紅紅火火的新年。」）

拿著一袋子禮品回到家裡，我高興的對媽媽說：「媽媽，祝你過紅年！」媽媽笑我貧嘴，不過她還是非常高興的給我一百塊錢，說給我壓歲了。

新年到了 ◎李陽晨

新年到了。家家戶戶都貼上了紅紅的對聯。各家門前放起了煙火，大地就像一個閃閃發光的球。砰砰砰！真熱鬧。

我的膽子太小了，只能待在家裡看電視，等別人拿回來一袋子一袋子的糖果點心。看看鄰居家兩歲的小弟弟也到我家來拜年了。

打開店門，只見大街上大人們在敲鑼打鼓，舞龍舞獅，還有小孩子玩的火把龍。（注：「火把龍」是一種兒童遊戲，用稻草做成一節一節的龍身，龍頭稍有講究，會用紅紙裝飾、繪畫。每節龍身都會插上幾根燃著的香。）

最熱鬧的要數超市，人們排著長長的隊伍，去買打折的貨物，去領紅包。耳邊傳來一聲聲「恭喜」，每一個人都眉開眼笑，新年，真是令人變得快樂的魔法師啊。

我的朋友王晟 ◎歐陽嫻

我的好朋友叫王晟。

在家裡，媽媽像她的小祕書，王晟說要做什麼，媽媽就會給她做什麼。連做作業的時候，媽媽也在一邊幫她做提示呢。

在學校裡，王晟喜歡和我一起玩。她很活潑，經常會想出一些花樣教我們玩。

有時我們也會到山裡玩。我們看山看樹，後來玩起了捉迷藏。王晟不見了。我們跑遍了所有的地方，都沒看見她，我們急得不得了，跑到她家去找，沒想到她坐在家裡看電視了。

我喜歡我的好朋友。

下雪了 ◎王晟

「下雪了，下雪了。」我在窗邊喊著。

雪花從天空紛紛揚揚飄落下來。有的很大，像棉花；有的很小，像碎紙。

屋頂上慢慢的變白了。

山上的樹兒也變白了。

我和哥哥來到樓下玩雪。雪在路上鋪了厚厚的一層。哥哥用雪做山洞。他將雪堆成一個堆，再挖空，就成了一個山洞。

我在山洞前做了一條小凳子。我對哥哥說：「你的山洞裡住了一個妖怪，我的凳子是做給妖怪坐的。」哥哥笑了。

下雪真好玩。

管阿姨點評

這幾篇作品都寫得相當不錯，都有一種獨特性，因為文章中的素材都是從小朋友自己的記憶庫裡找出來的。尤其是王晟小朋友寫跟哥哥玩雪的情景，「你的山洞裡住了一個妖怪，我的凳子是做給妖怪坐的」，這麼充滿童話的想像，實在是太可愛了。

同樣是寫過年，同樣是寫下雪，或者同樣是寫大家都參加的運動會、戶外教學等等，一定要多花一點心思，寫出自己的觀察和感受，或是從自己的記憶庫裡去找出適合的素材，這樣寫出來的文章才會有特色。

第七課 小飛俠彼得・潘

在英國倫敦肯辛頓公園裡的蛇形湖畔有一座青銅雕像，這座雕像不是什麼帝王偉人或是英雄豪傑，可絕對是一個名人，不僅是英國人、恐怕全世界絕大多數的人都認得他，他已經是好幾代小朋友心目中的好朋友，他就是彼得・潘，一個永遠也不願長大的孩子。

彼得・潘的創作者是蘇格蘭著名的劇作家、小說家和散文家詹姆斯・巴里（1860-1937）。他出生於蘇格蘭的一個小村莊，父親是紡織工人，母親是石匠的女兒。他們家有十個孩子，詹姆斯・巴里排行第九。少年時期他就離家外出求學，二十二歲那年拿到愛丁堡大學的碩士學位以後，先做了三年記者，接下來就搬到倫敦開始從事寫作，主要是寫劇本，還曾經與大偵探福爾摩斯的創作者柯南・道爾合寫過喜劇。

彼得・潘這個人物不是一次形成的，而是有一個逐步醞釀的過程；最早是出現在一九〇二年的小說《小白鳥》中，兩年後，劇本《彼得・潘》發表，繼而在倫敦和紐約上演，大獲成功。以後每上演一次，巴里就將劇本修改一次，最後定本是到一九二八年才出版。

彼得・潘因為不願長大，出生第一天就逃走了，逃到肯辛頓公園，和仙子們住在一起，後來又長住在遠離英國本土的一座海島，叫作「永無鄉」，那裡是一個奇妙又熱鬧的地方，有印地安部落，有海盜，有人魚，有仙子，有野獸，還有好幾個被大人不小心弄丟的孩子，彼得就是他們的領袖。由於都是男孩，所以彼得就在一個滿天繁星的夏夜，飛到倫敦，飛到小女孩溫蒂的房間，要溫蒂跟他一起去永無鄉，做男孩們的母親，溫蒂欣然同意前往，她的兩個弟弟也一起同行。溫蒂和弟弟們在永無鄉度過一段不可思議、有歡樂也有驚險的時光，後來由於思念雙親才回到了家中，還把島上那幾個遺失的男孩也帶回來了。只有彼得不肯跟他們回來，他要永遠待在永無鄉，永遠做一個長不大的孩子。

《小飛俠彼得・潘》中有許多想像都非常精采，同時，這本書還充滿了詩意，譬如，當溫蒂問彼得住在哪兒的時候，彼得說：「右手第二條路，然後一直向前，直到天亮。」又如，彼得告訴溫蒂，「爲什麼燕子要在屋簷下築窩呢？其實就是爲了聽故事。」在談到如何飛行的時候，彼得先跟溫蒂說：「我教妳怎樣跳上風的背，然後我們就走了。」稍後彼得又告訴溫蒂的弟弟：「你只消想些美妙的、奇異的念頭，這些念頭就會把你升到半空中。」當虎克船長大喊：「潘，你到底是誰？到底是什麼？」的時候，彼得的回答是：「我是少年，我是快樂，我是剛出殼的小鳥！」還有，小仙子是從嬰兒第一聲笑聲中誕生的；只要有孩子們相信有仙子，就可以救活一個奄奄一息的仙子等等，都令人回味再三。（管家琪◎文）

開心閱讀

《小飛俠彼得・潘》中的詩意，以及不少頗富哲思的段落當然不易學習，不過，關於人物的描寫，借重這本書中的某些段落，也可以詳細說明一個重要的技巧——那就是描寫人物同樣要懂得掌握重點。

很多小朋友在描寫爸爸、媽媽、兄弟姊妹、老師、朋友、鄰居等各式各樣人物的時候，總是像在列一個個小檔案，一一向讀者報告：譬如身高幾公分，體重幾公斤，什麼星座、什麼血型、有什麼愛好、喜歡吃什麼、在什麼地方就學或就業……，要不就是用一些很空洞的形容詞來形容這個人物，所得到的結果就是——這個人物很模糊，讀者好像讀到了關於他（或她）的不少文字，但是讀完之後，還是想像不出來這個人物到底是什麼樣子。

描寫人物，一定要懂得抓重點，先把重點強化出來，再秉持「由大而小」的原則，慢慢補充細節。我們來看一個例子：

他沒有右手，用一隻鐵鉤代替。

猜到這是誰了嗎？

我們再往下看：

他不時揮動著那只鐵鉤，催手下的人趕快拉。這個凶惡的傢伙，把他們當狗一樣看待和使喚，他們也像狗一樣服從他。說到相貌，他有一副鐵青的面孔，他的頭髮彎成長長的髮捲，遠看像一支支黑蠟燭，使他那英俊的五官帶上一種惡狠狠的神情。他的眼睛是藍的，藍得像勿忘我的花，透著一種深深的憂鬱，除非是他用那隻鐵鉤向你捅過來，這時，他眼睛裡現出了兩點紅光，如同燃起了熊熊的火焰，使他的眼睛顯得可怕極了……

接下去，作者巴里又描述了很多，但光是看著巴里描寫這個人物的第一句話「他沒有右手，用一隻鐵鉤代替」，相信很多人一定已經馬上聯想到《小飛俠彼得‧潘》裡頭的一個重要角色——虎克船長了吧！因為，「用一隻鐵鉤來代替右手」不就是虎克船長最突出的造型嗎？

不過，所謂「抓重點」不一定非要從人物的長相、外表寫起。我們不妨再來看看出現在另外一本傑作中的例子：

行列來到愛麗絲的對面的時候，他們全體立定，對她瞧著，那位王后聲色俱厲的問道：「這個人是誰？」

相信只要是讀過《愛麗絲夢遊仙境》的人，都會對那個整天凶神惡煞、動不動就大喊「砍頭！」的紅心皇后印象深刻吧。你看，紅心皇后一登場，一說起話來就是「聲色俱厲」，這不就是把這個人物最突出的部分先抓出來了嗎？有了重點，這個人物就容易寫得生動，容易達到所謂「栩栩如生」的效果了。

如果覺得掌握人物描寫的重點比較難，那麼不妨先從描寫動物來著手。畢竟，孩子們幾乎都是喜歡動物的，從寫動物來入手，或許更能激發小朋友的興趣。

房老師的趣味語文活動

猜動物

房老師說：「大家應該都聽過『盲人摸象』這個故事吧。幾個盲人都想知道大象是什麼樣子，他們都去摸象。結果呢，摸到象腳的說大象就像一根柱子，摸到象肚子的說大象就像一堵牆，摸到象耳朵的說大象就像一把扇子，摸到大象尾巴的說大象就像一根草繩。如果這幾個盲人按照自己摸到的樣子，去告訴人家大象是什麼樣子，肯定會鬧笑話。在我們生活中，不管是告訴別人事情，或是跟別人說你看到了什麼，一定要先從大方向來著手，先把握住事物的關鍵，再由大而小，慢慢敘述，這樣才能夠讓

別人明白你要說的重點，否則就會像那幾個摸大象的盲人一樣，只抓到小細節，對於整體的全貌卻完全不清楚，這樣傳達出來的訊息自然會支離破碎，讓人看不懂也聽不明白。」

房老師繼續說：「今天，老師想和大家一起玩一個叫作『猜動物』的遊戲。我們根據自己對某一種動物的了解，設計出幾個能夠表現出動物特點的句子，這些句子，我們可以打亂順序來說，每說一句，就讓大家猜一次，一直到猜出答案為止。然後由第一個猜出的小朋友上台來出下一道題目。最會猜的小朋友，應該是最能夠抓住句子重點的小朋友，我們可以送給他一個『小小動物學家』的稱號。」

接著，房老師示範給小朋友們看，出了第一句：「我喜歡的這個動物，毛是綠色的。」

好幾個小朋友立刻猜青蛙，但是也有小朋友馬上表示反對，「青蛙哪有毛啊？」

一個剛剛才說變色龍的小朋友聽了，大概是馬上想到變色龍也沒有毛，於是連忙補上一句：「我說錯了。」）

房老師第二句提示：「嘴巴尖尖的。」

有小朋友說：「孔雀。」

房老師說：「不對。」

接著房老師又說：「牠是住在河邊的土洞裡。」

這是第三句提示了。

小朋友都感到很茫然，但同時也都有一些期待。他們搞不清楚這是怎樣的一隻鳥？

這時，房老師說了最後一句提示：「牠喜歡吃小魚。在我小時候經常看到牠站在河邊的一棵小樹上，猛地飛向河面，就叼起了一條小魚呢。」

最後，房老師公布答案，是翠鳥。

可能是因為孩子們都沒有見過翠鳥，很難聯想，當然就會覺得很難猜。不過，現在大家都明白該怎麼玩「猜動物」遊戲了。

歐陽子怡上台出題：「我喜歡的那個動物，背上有個駝。」

歐陽子怡的話音剛落，就有小朋友說是蝸牛，也有小朋友說是駱駝。

歐陽子怡說，是其中一種，然後她說出第二個特徵：「能夠馱東西的。」

這會兒，大家就一致說是駱駝。

房老師問道：「還有誰能夠針對駱駝的特徵說一個句子呢？」

小朋友們紛紛說：「牠生活在沙漠裡。」

歐東海出題：「我喜歡的這個動物，是五顏六色的。」

有小朋友說是變色龍，也有小朋友說是孔雀。

歐東海說第二句提示：「牠的尾巴很漂亮。」

剛才說是孔雀的小朋友更堅定了。

這時，歐東海得意的說：「牠會在海底游來游去呢。」

大家都愣住了。

歐東海說出最後一句提示：「牠的尾巴有毒，很少見的。」

沒人猜得出來，歐東海公布答案，原來是蝴蝶魚。

大家都沒見過蝴蝶魚。歐東海說，他平常很喜歡看電視《人與自然》、《狂野週末》和《動物世界》等節目（注：類似台灣的《動物頻道》），以及有關動物世界的書籍，所以他才會知道這種特別的蝴蝶魚。

歐陽子怡再度上台出題：「我喜歡的這個動物，是淺藍色皮膚。」

有小朋友馬上說是藍鯨。

歐陽子怡搖搖頭，說第二句提示：「牠生活在海裡，身體很長。」

有小朋友說，是海象。

歐陽子怡說「還是不對」。她繼續說第三句提示：「牠會吞水，游得很快。」

有小朋友說，是梭子魚。

歐陽子怡得意的說「還是錯啦」。她公布答案，原來是抹香鯨。

接下來的幾個小朋友，在出題的時候，因為第一句提示都是這個動物最明顯、最特別的特徵，所以大家都很容易就猜出來了。

舉一個例子。李陽晨說，她喜歡的動物，身體像一根繩子。話剛說完，馬上就有小朋友說是蛇。其實，「身體像一根繩子」的還有蚯蚓和黃鱔等等。房老師看了一下李陽晨設計用來提示的句子，覺得很有韻味，於是就把李陽晨的句子調換一下順序，然後說出來。

「小牙齒；可以生活在水裡；如果是在陸地上還可以爬樹；尾巴是尖的；沒有腳……」一直等到說出「身體像一根繩子」的時候，大家才驚訝的說：「原來是蛇啊！」

在這個充滿趣味的「猜動物」遊戲中，大家不僅認識了許多有趣的動物，也了解了許多動物有趣的地方。

最後，房老師總結說：「大家今天的表現都不錯。善於出提示的小朋友，說明對動物的特點把握得很好。當然，猜的同學也很棒，很能夠抓到提示中的重點。請大家要記住，無論是作文、閱讀，或者是觀察生活，我們都要懂得抓重點，只有這樣，才能更加準確的把握住我們的思考。」

快樂習作

讓小朋友針對自己所喜歡的一種動物，來寫一篇作文。

可愛的小白兔 ◎歐陽嫻

我喜歡小白兔。牠紅紅的眼睛，長長的耳朵，短短的尾巴，喜歡吃白菜、胡蘿蔔，生活在山林裡。

我家養了一隻小白兔。牠活潑可愛，喜歡在牆角蹦蹦跳跳。只要一有動靜，牠都能聽到，馬上躲起來。

聽老人說，牠上山非常快，可是下山就喜歡翻筋斗。這是因為牠的前腳比較短，後腳很長，所以上山就快一些，下山就麻煩了。

蝸牛

◎歐蕭薔

在比較潮溼的田土邊、我家的後院、池塘邊的菜園裡，我都看見過蝸牛。

蝸牛的樣子很可愛，頭上有一雙觸角，像個發射信號的天線。牠的眼睛很小，小得無法看清楚。牠的身子背負著一座小房子，當牠想睡覺的時候，或者遇到危險的時候，牠把整個身子縮進小房子。

我見過的蝸牛顏色有很多：棕色、黑色……我一般見到的是棕色，特別是池塘邊的菜地上，就這一種顏色的。

蝸牛喜歡吃葉子，牠很斯文，總是細嚼慢嚥。

蝸牛的動作有些像蚯蚓，一伸一縮的，在葉子上慢慢移動。

蝸牛真好玩。

青蛙 ◎歐陽子怡

青蛙是綠色的。眼睛鼓鼓的，有四條腿。

牠們一般住在有水的地方。

青蛙有時是呱呱叫，有時咕咕叫。我看到有的青蛙叫的時候，兩隻耳朵邊都會鼓出氣囊來。

青蛙喜歡吃蟲子。不管是菜園裡還是稻田裡的蟲子，青蛙都喜歡去捕捉。牠捉蟲子的速度特別快，只要眼前有蟲子飛過或是跳過，牠猛地跳起來，吐出紅舌頭，就把昆蟲捲了進去。

青蛙在陸地上會蹦，蹦得高，會跳，跳得遠。在水裡，青蛙會潛水，也會將前腿和後腿蹬直，游動起來，姿態很好看。

管阿姨點評

這三篇作品都寫得不錯，雖然主要都是在介紹小白兔、蝸牛和青蛙的生態習性，但是看得出來，這些材料都是來自於小朋友自己的觀察和經驗（譬如歐陽嫻小朋友寫「聽老人說，牠上山非常快，可是下山就喜歡翻筋斗」、歐陽子怡小朋友寫「我看到有的青蛙叫的時候，兩隻耳朵邊都會鼓出氣囊來」），所以讀起來很有味道，跟一般書本上生硬的知識性介紹文字，感覺是完全不一樣的。

在重點的把握上，三個小朋友也都表現得滿好。此外，有些帶有童話風格的敘述方式尤其精采，譬如歐蕭薔說蝸牛的「頭上有一雙觸角，像個發射信號的天線」、「喜歡吃葉子，牠很斯文，總是細嚼慢嚥」，都非常可愛。

小朋友掌握了如何寫動物的技巧，以後在寫人物或是物品的時候，道理也是一樣，都要懂得把握重點。

第八課 天方夜譚

《天方夜譚》又名《一千零一夜》，具體的作者已不可考，基本上就是阿拉伯的民間故事集。

根據學者考證，《天方夜譚》裡頭的故事，很早以前就開始在阿拉伯地區的民間廣為流傳，但直到十六世紀左右才正式成書，傳到歐洲則是在十字軍東征以後的事。

一般而言，民間文學要能在世界文學殿堂中留下一定地位，非常不容易，《天方夜譚》能夠以民間文學樸實無華的面貌，躋身於世界古典名著之林，堪稱是世界文學史上的一大奇蹟。

《天方夜譚》這個名稱其實是相當中國的，因為「天方」這兩個字，就是從前中國用來稱呼阿拉伯的；而「夜譚」兩個字也有特定的意義，在阿拉伯語中，最初是代表「沙漠居民夜晚聚在一起聽故事的活動」，後來才慢慢發展成一種敘述文體。

《天方夜譚》的結構相當特別。這本書創造出一種「由無數個小故事串成一個大故事」的巧妙形式；〈山魯佐德和國王的故事〉是一個「序幕」，然後帶出其他大大小小、兩三百個故事。

山魯佐德是一個非常勇敢機智的女孩，也是一個說故事的高手，她總是在天剛破曉時，「剛好」對妹妹講到故事的關鍵處，然後當妹妹一問：

「接下來呢？」山魯佐德就趕緊故意對一起聽故事的國王說：「接下來所發生的事比之前的還要詭異和精采，如果國王願意讓我多活一天，我就可以把故事說完了。」為了想聽故事的結局，國王於是又情不自禁的讓山魯佐德又多活了一天。不料山魯佐德真有「說不完的故事」，如此周而復始，竟一連講了一千零一夜。

而在聽了這麼多動人、精采，其中不少還頗含哲理的故事以後，原來被滿腔仇恨沖昏了頭的國王也終於頑石點頭，不但放棄了自己原先「要殺光全天下年輕女子」的可怕想法，並正式迎娶山魯佐德為妻，於是全書有了一個圓滿的結局。

《天方夜譚》不僅形式巧妙，且故事曲折離奇，還高潮迭起，源源不絕。幾百年來，不但世界各地都有人反覆研讀《天方夜譚》，從裡頭的巧思、智慧和幻想中汲取精神食糧（其中還有不少像但丁、薄伽丘、莎士比亞、塞萬提斯、普希金、馬奎斯等傑出知名的大作家）；以《憨第德》等書聞名世界的法國著名文學家和思想家伏爾泰還曾經說：「我讀了四遍的《天方夜譚》以後，總算是嘗到讀故事的過癮滋味了！」

的確，如果你偏愛看情節豐富曲折、處處扣人心弦的故事，《天方夜譚》絕對不會讓你失望，在這本書裡的每一個故事，幾乎個個都令人拍案叫絕，而書中許多人物和道具，譬如辛巴達、阿里巴巴、神燈、魔毯，也形象鮮明的深植於一代又一代廣大讀者的心中。

（取材自《小學生必讀的40本好書》管家琪◎著，幼獅）

開心閱讀

《天方夜譚》成書於十六世紀左右，距今已超過四百年，是一本公認的奇書；奇在哪裡呢？最特別的就是全書開創了一種「大故事套小故事」、也有人稱之為一種將零散的珍珠用一條絲線串起來的巧妙的藝術構思，在這樣的設計之下，儘管全書一共有兩、三百個各自獨立的小故事，可是讀起來卻還是條理分明，絲毫不會讓人感覺到雜亂無章。

「條理分明」實在太重要了，我們在閱讀的時候，如果能時時抓住條理，就能很快的吸收書中的菁華；寫作文的時候，如果能夠注意條理，就不會東拉西扯，讓人弄不清楚到底重點是什麼；就連我們在背誦的時候，如果能夠懂得抓住條理脈絡，也能大大提高背誦的效率。

下面房老師就要向大家介紹如何運用「條理」來加強記憶的祕訣。

房老師的趣味語文活動

奇特好用的記憶法

房老師說：「大家好，今天老師想和大家一起來比一比記憶力，不但要看誰的記性好，還要看看誰記住事物的辦法好。現在，老師先在黑板上寫一些成語，大家背背看，看誰背得最快。」

桃紅柳綠　綿綿細雨　烈日炎炎　汗流浹背

碩果累累　天高雲淡　寒風呼嘯　冰天雪地

小朋友們都大聲讀起來，一邊讀也一邊嘗試著背誦。

很快，有小朋友舉手了。

歐陽嫻站起來，她閉上眼睛，一字不差的背出來了。

房老師問：「你怎麼一下子就能背出來？」

歐陽嫻說：「我每讀兩個成語，就背一遍，就背出來了。」

李陽晨也背出來了。她說讀了三遍就記住了。

房老師問：「誰能夠按照歐陽嫻和李陽晨的辦法背出來？」

有小朋友試著大聲讀起來，可真要靠強記還是有一些困難。

房老師說：「我也能背出來。而且我的方法可以讓每一個人都能夠很快就輕輕鬆鬆的背出來。」

說完，房老師背了一遍。

大家都很驚訝。

房老師說：「其實只要掌握了訣竅，並不困難，這就是老師今天想要告訴大家的一種奇特好用的記憶法，就是你要先想辦法找到其中的規律。大家再仔細看一下，有沒有發現這些詞彙都有某些相似的特點呢？」

李陽晨說：「都是四字成語。大多數都是寫景的。但是汗流浹背並不是的。」

歐陽嫻忽然大叫起來：「老師，我發現了，這些成語都和四季有關。春天是桃紅柳綠的，下的是綿綿細雨。夏天，烈日炎炎，在地裡勞動的人們汗流浹背。秋天來了，天高雲淡，而果樹上碩果累累。冬天，寒風呼嘯，大雪天，冰天雪地啊。」

房老師說：「歐陽嫻真的很厲害，一下子就找到了這些成語的重點是描述四季的，四季就是這一組成語中暗藏的規律，如果按照這個規律，也就是按照四季來記憶，是不是就會很快呢？」

大家閉上眼睛，都開始扳著手指說春天什麼夏天什麼的，很快，大多數小朋友都表示記住了。

房老師說：「所以，只要能找到事物的規律，也就是說找到了它內在的條理，抓住問題的關鍵，就能迅速記住。」

接著，房老師在黑板上寫了第二組詞彙。

房老師說：「現在我們再試一次。平常上街，媽媽有時會交代我們買東西，有的同學能夠迅速記住，有的同學如果不寫在本子上，就會忘東忘西的。請看看黑板上這組詞彙，你會怎樣記住它們呢？」

帽子　護耳罩　口罩　圍巾　手套　襪子　棉鞋　火爐

孩子們盯著黑板上想了一會兒，但很快大家還是靠著大聲讀的方式（也就是死記、強記的方式）來記憶。第一個舉手的又是歐陽嫻，她站了起來，很快就背出來了。

歐陽嫻說：「我看到這些詞彙都是生活用品，有穿的，也有用的，還有戴的。我先記要穿的，再記要用的，然後記戴的。」

有兩個小朋友表示這樣記還是有困難。

房老師說：「歐陽嫻是一個愛動腦筋的孩子，她抓住了生活用品這個重點，而且縮小到用的、穿的和戴的。但是這樣的生活用品還是太多了，能不能將範圍再縮小一些？而且想得更有條理一點呢？」

李陽晨舉手了：「老師，這些都是冬天裡會用到的東西。一定是冬天的時候，媽媽要我們準備這些取暖的物品。媽媽想得真周到，從頭到腳都有呢。」

房老師說：「我想大家都明白李陽晨的意思了。那現在就看你如何從頭到腳去記了。好，大家開始背誦，除了歐陽嫻和李陽晨，看誰能最快背出來。」

房老師才剛剛講完，王晟就站了起來。她摸摸腦袋說「帽子」，摸摸耳朵說「護耳罩」，摸摸嘴巴說「口罩」，摸摸脖子說「圍巾」，搓搓手說「手套」，摸摸腳說「襪子」和「棉鞋」，最後裝作烤火的樣子說「火爐」。

帽子、護耳罩、口罩、圍巾、手套、
襪子、棉鞋、火爐。

這組冬季用品的詞彙，王晟抓住其中「從頭到腳」的條理，果然記得很快。

房老師總結：「不管是看書背文章，還是記生活中需要記的事情，我們首先都要先想一想，把文章和事情的重點弄明白，只要能夠把握重點，就一定能夠找到其中的條理來閱讀、背誦和記憶。我們作文的時候也是一樣，一定要注重條理，這樣讀者看起來就不至於糊塗。」

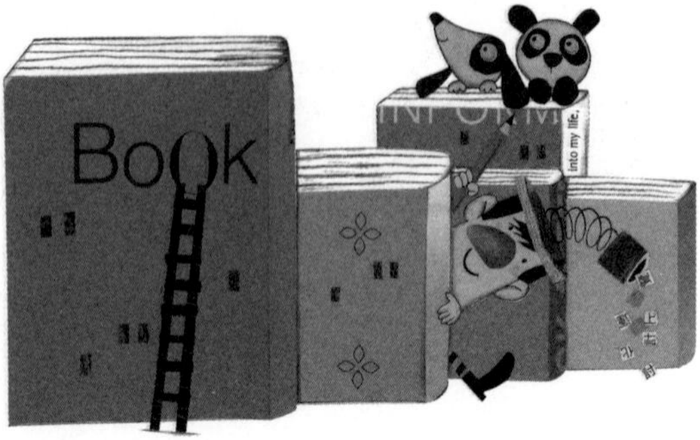

快樂習作

讓小朋友針對某一堂有趣的課堂，或是某一個喜歡的老師，來寫一篇文章。

給凌老師頒獎

◎歐陽子怡

提起我們的凌老師，我們127班的同學都會舉起大拇指。這是為什麼呢？很簡單，因為凌老師的故事很多，還有老師很幽默。我想頒給凌老師一個「故事大王獎」和一個「幽默獎」。

凌老師每節課裡都會給我們講故事。有一回，講了一個愛屋及烏的成語故事。凌老師的精采演講，就連平時調皮的許卓爾也聽得津津有味。這時，下課了，同學們依依不捨的站起來向老師說再見。這時，班長拿了一張周杰倫的海報要送給凌老師。凌老師笑著說：「哈哈，看他幹麼！還不如看我自己哩！」大夥兒都笑了起來。

這就是我們喜歡的凌老師。

給房老師頒獎 ◎王晟

我給房老師頒發「愛讀書獎」和「熱情獎」。

房老師家裡的書可多了。除了書櫃，連桌子上，沙發上都擺了。房老師說他都讀完了。難怪他每天都能夠講不同的故事給我們聽呢。而且他還看外國的《長襪子皮皮》和《窗邊的小豆豆》等書。還拿《西遊記》和《小朵朵和半個巫婆》給我們看。這是不是能夠頒一個「愛讀書獎」呢？

「熱情獎」呢，那是在我們去房老師那兒學作文報名的時候，我們去得很早，房老師馬上從樓上跑了下來，給我們熱心的介紹，還一邊泡茶給我們喝。我們走的時候，還送了老遠呢。

如果還要我頒獎的話，還有好多好多獎可以發呢。

有趣的記憶法 ◎李玨

今天，老師要教我們怎樣快速的記住一些事物。

老師一邊說：「有時家裡要買很多東西，我們怎樣記在心裡而不漏掉一個？」一邊在黑板上寫著：帽子、眼鏡、牙刷、牙膏、襯衣、手套、褲子、襪子、鞋子。老師剛剛寫完，我們還沒有完全看明白，劉洋就舉手說：「我會背了！」說著，他真的站起來，一口氣背完了，而且沒錯一個。我們驚訝他這麼厲害。問他怎麼背這麼快。他摸摸頭，就說帽子，摸摸眼睛，就記住了眼鏡。哈哈，我們明白了，原來這些東西都在我們身上，而且按照從頭到腳的順序來記，當然不會錯了。頓時，大家摸著自己身上的每一個部位，很快就將這些東西記住了，而且很輕鬆。老師誇獎大家學得快。

老師在黑板上寫了第二組語詞：牛奶冰棒、豬耳朵、山楂片、豆子、香瓜子、花露水、愛妻牌瓦斯爐、八寶粥、瀏陽河酒、毛毛熟食（注：是大陸食品品牌）。我一看，這些詞，吃的用的都有，跟人體部位對不上啊。大夥看了老半天，都說記不住。老師鼓勵大家想辦法。這時，朱琴站起來背，可是她漏了「八寶粥」。我也站起來，竟然背出來了。老師問我，怎麼記住的。我說死記。這時，老師面對我們，一口氣背完了。他說：「其實，這裡面還是可以找到記憶的線索。」他指著這些語詞告訴我們訣竅。原來，他將這些事物跟一、二、三……十連結起來。「伊」利牛奶冰棒、豬「耳」朵、「山」楂片、「四」季豆子、「五」香瓜子、「六」神花露水、愛「妻」牌瓦斯爐、「八」寶粥、瀏陽河「酒」、毛毛熟「食」。哇，大家驚奇的尖叫起來，連只看了一遍的同學都低頭背了起來。神了，還沒十秒鐘，大家就記住了。

上了這節課，我才發現，原來只要掌握一定的規律，記憶其實挺容易的！

管阿姨點評

這三篇作品都寫得很好。

子怡小朋友寫了「下課了，同學們依依不捨的站起來向老師說再見」，「依依不捨」這一個詞用得非常精準，把同學們捨不得下課的心情描寫得非常傳神，間接襯托出老師上課的精采。

王晟小朋友先給老師定位，那就是「愛讀書」和「熱情」，然後用一些非常具體的事例加以說明，這是一種很成功的作文方式，如果通篇只有像「愛讀書」啦、「熱情」啦之類的形容詞堆砌著，而沒有事例作為支撐，文章讀起來就會覺得很空洞，讀者讀起來也會覺得沒有說服力。

而李玨小朋友的這篇作品，簡直就是一篇活生生的課堂實錄，整個架構也很清晰和完整：先告訴讀者自己要寫一件什麼樣的事（「今天，老師要教我們怎樣快速的記住一些事物」），緊接著就是描述這堂課，最後再簡單的做一個總結。如果你上了一些有趣的課，按這樣的架構來寫準沒錯。不過這篇作品最成功的地方在於描寫上課的過程時，非常耐煩，非常投入，可以說做到了「現場重播」的程度，非常生動，也非常有趣！

第九課

唐詩三首

春曉　◎孟浩然

春眠不覺曉，
處處聞啼鳥。
夜來風雨聲，
花落知多少？

這首詩的意思是：春夜睡得很熟、很香，不知不覺天已破曉，到處都

聽到鳥兒啼叫。昨夜風雨交加，那花兒不知道又被打落了多少？

鵝 ◎駱賓王

鵝鵝鵝，
曲項向天歌。（注：「曲項」，就是「彎曲的脖子」。）
白毛浮綠水，
紅掌撥清波。

這首詩的意思是：一群可愛的鵝呀，彎曲著脖子向著天空，鵝鵝鵝的高歌。雪白的羽毛漂浮在碧綠的水面上，紅紅的腳掌撥動著清澈的水波。

詠柳 ◎賀知章

碧玉妝成一樹高，
萬條垂下綠絲絛。（注：絛，音去ㄠ，用絲編成的帶子，此處比喻柳條。）
不知細葉誰裁出，
二月春風似剪刀。

這首詩的意思是：一棵好像是用碧玉石裝扮成的柳樹，千千萬萬條柳枝像絲絛一般下垂著。這絲絛又是誰的巧手裁出來的呢？啊，原來是二月時節的春風呀！

開心閱讀

用字生動、準確，這是我們作文要追求的重要目標之一。在這裡我們建議小朋友一定要多讀詩，因為「詩」就是一種最精鍊的語言。

既然要讀詩，就一定要讀唐詩。詩在唐代達到了鼎盛時期，根據清朝康熙年間的統計，唐詩的總數量高達五萬首之多，這個數量非常驚人，不過最為大家所熟悉的唐詩選本，還是首推清朝蘅塘退士所選輯的《唐詩三百首》，網羅了杜甫、李白、王維、孟浩然、王之渙、賀知章、王昌齡、白居易等許多名家的作品，非常具有代表性，可以說是菁華中的菁華。俗話說：「熟讀《唐詩三百首》，不會作詩也會吟。」意思是說，只要熟讀《唐詩三百首》，就算不能寫出很棒的詩，至少也能寫出看起來像詩的文字了。

儘管小朋友還小，不容易看懂詩中的主題，但是多讀《唐詩三百首》，對於培養文學的美感以及文字的節奏感，真的很有幫助。如果小朋友趁現在年紀還小，記憶力比較好的時候，多讀多背一些好詩，等慢慢長大，有一天當你看到一幅景象，或是身處一種特別的處境，或有一種特別的感受的時候，一些動人的詩句，很可能就會自然而然的脫口而出，那時就能體會很多詩中的意境和感受了。

靜靜的走路，折疊著寫詩

房老師帶小朋友們來到附近一處山林。

房老師說：「今天老師帶大家來戶外做一次活動。這個活動我們分組同時進行。每三個人一組，大家一起在山林裡靜靜的走，靜靜的看，無論看到什麼令人非常心動的事物，都只能先放在心裡，誰也不能說話，等過了一會兒之後，大家再坐下來，一起靜靜的寫『折疊詩』。什麼叫作『折疊詩』呢？就是大家要合力來寫一首詩。」

房老師為大家講解合力寫折疊詩的規則：

第一個小朋友先在紙上寫上一句話，描述你所看到的，或是描寫你的心情，都可以。

第二個小朋友接第一個小朋友寫上第二句，然後把紙折疊，把這兩句都遮起來，然後寫上全新的一句。現在已經有三句詩句了。

第三個小朋友在看不到前兩句詩的情況之下，接著第二個小朋友所寫最新的那一句（也就是第三句），寫上第四句。

寫了第四句以後，如果第三個小朋友覺得還有話想說，就把前面這四句通通折疊起來遮住，然後寫下新的一句。（這是第五句了）

第一個小朋友，看看這第五句詩，想一想，根據這第五句要怎麼再往下接。

房老師說：「如果三個人都覺得還有話說，不妨就這麼一路折疊著繼續寫下去。重點是，因為每個人一次都只能寫一句，所以就算你有很多話想說，輪到你來寫的時候，你也只能把很多想說的話都濃縮在一句話裡，要用最簡單的話語，恰當的表達自己的所感所見。」

小朋友們開始行動了。三人一組，沿著小山坡，踩著一條羊腸小徑慢慢前進。不一會兒，一隻兔子出現了，不過，誰也沒吭聲，因為大家都記得房老師先前說過的，在開始寫折疊詩之前，要「靜靜的走，靜靜的看，無論看到什麼令人非常心動的事物，都只能先放在心裡」。那隻兔子微微歪著頭，大概是看著這幾個不說話的陌生人，感到滿奇怪的吧。

小徑旁，一隻正在吃草的牛聽到孩子們走路的聲音，也停下來，看著大家。

還有一個小孩子，停在路邊，小腦袋瓜兒往上仰著，臉上綻放著天真的笑容。原來是有一隻蜻蜓正在他的頭上不斷盤旋。

山裡的枯枝和松針遍地都是。蝴蝶飛舞的聲音彷彿能夠聽得很清楚，鳥兒的鳴叫則是時長時短。

孩子們走著走著，好像都已經成了山林裡的一員。

當大家來到一處比較便於停留的地方時，便紛紛停下來，開始寫折疊詩。

第一組的組員是歐陽嫻、李陽晨和王晟。

歐陽嫻開始寫下第一句詩：「山林非常安靜。」

李陽晨接著這句話寫下了：「可以聽到蝴蝶飛舞的聲音。」

然後，李陽晨把紙條折疊起來，將剛才的兩句詩給遮蓋住，並寫下全新的一句：「我好想躺在樹葉媽媽的懷裡。」

王晟接過紙條，只能接著「我好想躺在樹葉媽媽的懷裡」這一句來寫了，寫什麼呢？她琢磨了一下，寫下了：「做一個美麗的夢。」

王晟將紙條折疊起來，遮蓋了前面的小詩，接著寫了一句：「我好想做山裡的一朵小花。」

歐陽嫻接過紙條，她看到王晟寫的想法，馬上接著寫「在晨光裡悄悄開放。」

現在，第一組的折疊詩寫好了，整首詩連起來就是：

山林非常安靜
可以聽到蝴蝶飛舞的聲音
我好想躺在樹葉媽媽的懷裡
做一個美麗的夢
我好想做山裡的一朵小花
在晨光裡悄悄開放

第二組，方娜、歐蕭薔和歐陽子怡寫的折疊詩是：

我今天很高興
因為我來到了這片美麗的山林
我和小兔對話
小兔說我很美
我和牛兒對話
牛兒也很高興

不久，房老師帶著大家往回走。一走出山林，大家都顯得很興奮，一路上嘰嘰喳喳個不停。

回到教室，房老師說：「對於今天的活

動，大家有什麼感受，不妨說說看。」

歐陽嫻說：「山林裡太安靜了。我有好多好多要說的話啊，可是你只允許我們一次說一句話。」

李陽晨說：「是啊是啊，我們都很珍惜這句話，都是想過來、想過去才寫出來的。」

這時，房老師把上面那兩首折疊詩拿出來給大家看，大家讀了以後，都睜大了眼睛，不敢相信。方娜說：「這詩不像是我們寫的啊？寫得太好了。」

房老師總結說：「平常帶你們出去玩，回來要你們寫感想，你們總是雜七雜八的恨不得把所有東西都寫進去，結果，有時候一句話可以說好的，卻非要用上四、五句話。可是大家有沒有發現，用

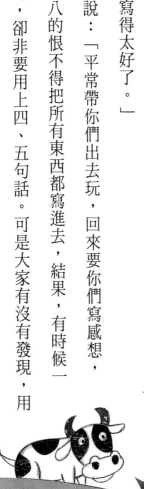

折疊詩這樣的形式來寫，大家的用詞都變得很精鍊，沒什麼廢話。希望大家以後在作文的時候，都要像寫折疊詩一樣，把自己的想法用心濃縮、用心提煉，寫出菁華，寫出最好的句子來。」

快樂習作

讓小朋友盡量寫一件小事，可是，儘管只是一件小事，提醒小朋友要盡可能細細的想，細細的寫，並且注意用詞要盡可能的精練。

走姿百態

◎歐陽子怡

神奇的手指 ◎梁峰

今天，老師要我們上去黑板前面走路。

梁峰先上去，他的樣子時而像當兵的，時而像猩猩。因為他一會兒走得端端正正，一會兒走得腳步沉重。

鄒桐怡上去了，她一直對著我們笑，有時是扭扭捏捏的，我想是嬉皮笑臉，老師說：「是裝模作樣。」

該王楚了，他走路貼著牆走，好像一隻懶羊羊啊。

終於到我了，我像一隻小兔子一樣走了過去，有人說：「小兔子，小兔子。」我不好意思的下去了。

原來走路的姿勢不一樣，說法就不同。

今天，房老師說來一次觸覺比賽，並且說他叫誰贏，誰就會贏。我們都不信。

老師說讓我贏。我和何姿朝牆站著，手反伸出來。他將粉筆分別放在我和何姿手上。我用手一捏，就說出來了。後來放了酒杯和圓珠筆，我也是不費力氣就摸了出來，而何姿愣在那裡，一個也沒有猜出來。大家都說我厲害。但我不明白這麼簡單的東西，何姿怎麼不會呢？

忽然，老師說這一次他要讓何姿贏，而且仍然是跟我比。我想她怎麼可能贏我呢？大家也感到很奇怪，都叫：「梁峰加油！」老師拿東西來了，冰涼的，滑滑的，是什麼呢？我還在想的時候，忽然聽到何姿叫：「是圓珠筆！」我慌了，大叫：「石頭！」頓時大家大笑，我回頭一看，就是剛才猜過的酒杯。

有同學站起來跟房老師說：「我知道了，你一開始將東西放在梁峰的手裡，他就用手摸出來了，而你放在何姿的手臂上，她就感覺不到。後來這輪比賽，你將圓珠筆放在何姿的手上，何姿就能夠用手摸出來了，而梁峰用手臂感覺不到。」

老師點點頭，讓同桌互相試試。大家都明白了，手指尖比手的其他部位確實要敏感得多。看過《十萬個為什麼》的同學說，手指尖的神經末梢最多，所以最敏感。

亂 ◎陳娟

老師還沒有進來，教室裡很亂，一片吵鬧聲。

我一扭頭，發現老師在後頭站著，沒有說話，好像是在看我們怎麼亂的。

我也觀察起來：經常來得晚的王佳誠在座位上發呆，一句話也沒有說，大概還在回味昨晚的某部卡通片吧。

好鬥的梁峰和歐陽典章正在揮拳搏擊，大概是好玩吧，老師似乎也沒有去制止的意思。

活蹦亂跳的何順宇正在哼著歌：「爺爺去買菜，爹爹去買菜……」惹得旁邊的同學笑個不停。

原來一本正經的歐陽子怡也嘻嘻哈哈的跟著唱：「對面的女孩看過來，看過來，看過來。」哈哈，那歌聲滿好聽的。

「安靜！」老師出現在教室前面，所有的雜音突然消失了。

管阿姨點評

三個小朋友所寫的確實都是一些小事，可是，小事也可以寫出味道來。

子怡小朋友的作品，題目定得不錯；梁峰小朋友的作品寫得很活潑，很生動，只可惜小作者本人在前面至少三分之二的篇幅裡一直是很有參與感的，到了結尾卻沒出現，總給人一種好像話還沒有說完的感覺；陳娟小朋友在內容部分還不錯，可是題目定得似乎過於抽象，不妨再斟酌一下。

第十課 楚漢相爭

秦王嬴政在西元前二二一年結束了將近五百年兵荒馬亂的春秋戰國時代，建立了一個空前龐大的統一帝國，這就是「秦朝」，然後就自稱為「皇帝」。因為他是有史以來第一個皇帝，所以又稱「始皇帝」（「始」就是「事情的開頭」），後世則都習慣稱他為「秦始皇」。

秦始皇「功大，過也大」，意思是說，他做了很多了不得的好事，但也做了很多不得了的壞事。秦始皇統一全國，並且在政治、經濟、文化等各個領域，都展開一系列的整頓和改革，影響後世非常深遠，他所創立的制度，在中國推行長達兩千一百年之久，但是他築長城、修皇陵，以及防禦匈奴、連年用兵，許許多多的大事都強迫老百姓來做，老百姓都苦不堪言，結果，本來秦始皇信心滿滿能永遠延續下去的秦王朝，僅僅十五年就滅亡了。

不過，秦朝並不是在秦始皇的手上滅亡的。秦始皇並沒有看到這一天。西元前二一〇年，秦始皇就病死了，享年五十歲。

秦始皇死後的第二年，陳勝、吳廣率先造反，很快的就天下大亂，隨即各地都冒出了為數不少的起義軍，整個黃河上下、大江南北，都是一片反秦的浪潮，十幾年前被秦國所滅的六國也紛紛宣布復國。三年之後，秦朝就滅亡了。但是接下來又經過了四年的「楚漢相爭」，也就是西楚霸王項羽和漢王劉邦之間的爭鬥，最後劉邦取勝，建立了漢朝。象棋棋盤上的「楚河漢界」，就是源自這段歷史。

一開始，項羽應該是擁有絕對優勢，但是自從鴻門宴「放虎歸山」之後，情勢就逐漸轉變。暴躁易怒，沒有識人之明，受了挑撥還不自知的項羽，漸漸就不是劉邦的對手。

項羽和劉邦相爭，經常被劉邦氣得半死。因為，項羽出身貴族，又是一個蓋世英雄，劉邦不是，劉邦出身卑微，家裡是種田的，本來連個像樣的名字都沒有，只叫作劉季，這是因為他排行第三的緣故（「季」就是「第三」的意思）。很多時候項羽根本不知道該拿劉邦怎麼辦。比方說，項羽是絕對不可能向敵人討饒的，劉邦為了活命卻可以這麼做。在楚漢相爭初期，有一次，劉邦敗走彭城，項羽的一名部將丁公率軍緊追，一直追到彭城之西，漢軍不得不狼狽迎戰，兩軍正面遭遇，雙方揮刀搏殺。眼看情勢十分危急，劉邦就跟丁公求饒，只不過求饒的說詞說得滿好聽的，劉邦說：「你我都是英雄，何必苦苦相逼呢？」結果，丁公也不知道是不是因為被戴了一頂「英雄」的高帽子，心腸一軟，就把劉邦給放走了。

劉邦很會攀關係。最初他帶著自己的部隊前去投奔楚懷王，接受項梁指揮的時候，馬上就敏銳的看出來，項梁的姪子項羽是一個真正的英雄豪傑，於是，儘管自己比項羽年長二十多歲，卻自願降了一個輩分，和項羽肉麻兮兮的結為拜把兄弟。後來，在楚漢相爭的時候，有一次，劉邦被項羽圍城，老父和妻子都被俘虜，項羽為了逼他投降，把他的父親帶到陣前，威脅劉邦：「你再不投降，我就把你的爸爸給煮了！」劉邦居然嬉皮笑臉的說：「你別忘啦，我們曾經以兄弟相稱，所以，我的父親也就是你的父親，如果你真的要把我們的老父親給煮了，那麼也分我一碗肉湯吧！」（這就是成語「分一杯羹」的典故）氣得項羽拿他一點辦法都沒有！

劉邦也經常說話不算話。在楚漢相爭接近尾聲的時候，雙方明明已經達成協議，要「中分天下」，以鴻溝為界，鴻溝以西歸漢，以東歸楚（這就是「楚河漢界」的典故）。協議達成，項羽依約送還劉邦的父親和妻子，然而，劉邦卻立刻翻臉，趁項羽不備，繼續追擊楚軍，後來終於在垓下把項羽團團圍住。

當然，劉邦也有很大的優點。他先項羽一步入關滅秦，再把當地父老召集起來，和大家「約法三章」，第一，殺人的要判處死刑；第二，傷人和盜竊者可以抵罪，但是要受到適當的懲罰；第三，其餘的秦朝法令統統免去！

這三條法令一頒布，立刻成功的攏絡了人心，老百姓都非常高興，唯恐劉邦不當王。

劉邦最大的優點還是在於知人善任，能夠網羅張良、蕭何、韓信等人為他效力。西元前二〇二年，楚漢戰爭因為項羽在垓下自殺而終於宣告結束，漢王劉邦取得了最後的勝利。儘管劉邦不是秦末第一個公開反秦，起義期間也從來不曾遭遇過秦朝的主力部隊，但劉邦仍然成為中國歷史上第一個靠著打天下而坐上天子寶座的皇帝，也是有史以來第一位「布衣天子」（就是「平民皇帝」）。（文◎管家琪）

開心閱讀

有一句話說，「文史不分家」，這是什麼意思呢？因為有很多的成語、俗語、歇後語等都來自歷史故事，也就是所謂的「文化」。語文想要學得好，一定要能夠掌握文化，所以就必須多讀歷史。

更何況歷史是那麼的有趣、有意思。此外，從閱讀歷史故事中，不但可以累積常識，加強語文程度，對於鍛鍊清晰的思路也是一個很好的方式。因為，每一段歷史總是會牽涉到很多的人和很多的事，如何把一段歷史故事梳理清楚，並不是一件容易的事。

我們這一課的重點是：如何把一件事情寫清楚。大家不妨先想想看，什麼是「歷史」呢？「歷史」這個字的英文「history」，是從兩個英文單字「his（他的）」和「story（故事）」組合而成，也就是說，歷史就是「他的故事」（當然也包括「她的故事」），而什麼又是「故事」呢？小的故事，可能就只是一件事情，如果是連續性的幾個小故事組合在一起，就是一個情節比較豐富的故事了。無論我們是要寫記敘文、生活故事或是童話故事，首先都要能夠具備把事情說清楚的能力。只要能夠做到這一點，能夠清楚（最好還能夠很有趣味或很有感情）的把一件事情寫清楚，這篇作文通常不可能太差，甚至應該會滿不錯的。

房老師的趣味語文活動

荒唐故事大集合

房老師說：「任何一件事情，我們分析一下就會發現，其中總會包含六個要素。」

哪六個要素呢？

①時間。

②地點。

③人物（主角、配角等等，如果是在童話故事中，往往也可能是動植物或日用品等無生命的東西）。

④事情的起因。

⑤經過。

⑥結果。

房老師說：「要把一件事情說清楚，是不能丟下這六個要素中任何一項的。今天，房老師想和大家一起玩一個遊戲，叫作『荒唐故事大集合』。」

房老師拿出事先準備好的四個盒子，盒子外面分別寫著「人物」、「時間」、「地點」、「做什麼」。

房老師說：「現在，請每個小朋友都先寫一件事，大家按照『人物』、『時間』、『地點』、『做什麼』這樣的順序，把這件事用四種不同的語詞來寫，然後分別放進四個盒子裡。等一下請大家輪流上台，從每個盒子裡抽出一張，組合成一件新的事情。如果組合出來的事情很荒唐，就請大家發揮聯想力，從『事情的起因』、『經過』和『結果』這幾個方面來下功夫，看看能不能使一個荒唐的故事變得比較合理。」

大家馬上都饒有興致的寫起來，過了一會兒，都將紙條分類放到四個盒子裡。

接著，小朋友要開始組合故事了。

第一個上台的是王晟，她從「人物」盒子中抽出的語詞是「兔子」，從「時間」盒子中抽出的語詞是「前天晚上」，從「地點」盒子中抽出的語詞是「虎穴」，從「做什麼」盒子中抽出的語詞是「吃月餅」，所以，組合出來的事情就是：前天晚上，兔子在虎穴裡吃月餅。

大家聽了，都哈哈大笑。

感覺上這個故事真是夠荒唐的了。那麼，能不能讓它變得比較合理一點呢？

王晟想了一想，說：「前天正好是中秋節，一隻餓極了的兔子，看著許多動物都送月餅到老虎大王的洞穴裡去，結果月餅堆滿了整個虎穴，弄得老虎只好另外找個地方去住。到了晚上，兔子就悄悄的跑到虎穴，吃起月餅來了。」

歐陽嫻說：「兔子怎麼會這麼大膽？」

王晟說：「因為兔子餓極了嘛。再說老虎也不相信會有這麼大膽的兔子啊。」

房老師小結：「雖然事情很荒唐，但是由於王晟加強了『事情的起因』，那就是讓大家都送月餅給老虎，害得老虎都沒地方睡覺，只好跑到別的地方去住，這樣兔子就有機會在虎穴裡吃月餅了。」

接著，歐陽子怡小朋友上台，從四個盒子裡各抽出了語詞，組合出來的故事是：一年前，奶奶在飛機上玩雲霄飛車。大家笑得比剛才更厲害。

歐蕭薔說：「奶奶怎麼可能到飛機上去玩雲霄飛車呢？她這麼老了，再說飛機上怎麼會有雲霄飛車？」

李陽晨說：「這飛機上的雲霄飛車，老人玩得了嗎？這是一個怎樣的老人？我想不明白。」

歐陽子怡說：「我想清楚了。我說，這是一個超級棒的奶奶，一年前，她來到了魔法學校，她學到的第一個魔法就是到飛機上去玩雲霄飛車。她玩得可開心了。」

大家都為歐陽子怡鼓掌。

接下來的幾個小朋友組合出來的故事，也是讓人一聽就覺得非常好笑。

歐陽嫻組合出來的故事是：上個世紀，房老師在螞蟻窩裡捉迷藏。

歐陽嫻想了一想，說：「我知道了，因為房老師是一個動物專家，和螞蟻都成了好朋友，所以能夠和螞蟻一起捉迷藏了。」

李陽晨組合的故事是：晚上十二點，媽媽在遊樂場吹泡泡糖。

李陽晨說：「媽媽經常指責我吹泡泡，可是在她的心底裡可羨慕吹泡泡了。但她不想讓我知道，只好在晚上十二點，我們都睡了以後，她就偷偷的跑到遊樂場去吹泡泡糖呢。」

最後，房老師總結說：「怎麼樣才能把一件事情寫清楚，在我們今天這個遊戲中，其實是有很多啟示的。剛才，每個小朋友隨意組合的一件事情，有的讓人一看就明白，有的讓人問了半天還是說不清楚；為什麼呢？有的是因為事情發生的地點不合理，有的是發生的時間有些荒誕，有的是人物與事件之間的聯繫太不可思議。但是後來經過加工的故事，為什麼又讓人能夠接受了呢？主要是因為加工的同學針對故事，也就是針對一件事情的地點、或者是時間、或者是人物、或者是事情的起因、或者是事情的經過等都具體補充詳細，這麼一來，大家自然就都明白了。這就告訴我們，寫一件事情，一定要把我們一開始所說的那六個因素都要好好的想一想，考慮清楚之後再下筆，才能交代清楚。」

快樂習作

玩雲霄飛車

◎王晟

暑假時，我們一家去了杭州玩。有一天，爸爸說：「今天我們去遊樂場玩。」我聽了，高興的跳了起來：「我可以玩雲霄飛車囉！」

到了遊樂場，我們就盯上了那像巨龍一樣的雲霄飛車，我和哥哥激動起來。哥哥說他一定要玩雲霄飛車。我聽了連忙說我也要玩雲霄飛車。媽媽不要我玩，說女孩子受不了的。我只好愣愣的看著哥哥坐上了雲霄飛車。很快，就看不到哥哥的影子，只聽到呼隆呼隆的聲音，雲霄飛車沿著那軌道翻滾著。不一會兒，哥哥下來了，我鼓掌歡迎。可哥哥卻說：「幸虧你沒玩，要不然，嚇你半死。」這時，我才看到哥哥的臉色蒼白。他說他差點要吐了。有的人真的在一邊吐了起來。

不過我還是想著什麼時候，我長大了，還是要去玩玩雲霄飛車。

吃奶油月餅 ◎歐陽嫻

八月十五那天夜晚，正好妹妹過生日，我們買了一個生日蛋糕。我們用蛋糕給妹妹打了一個花臉。妹妹哭了起來。

我們用奶油塗在月餅上吃了起來。正在哭著的妹妹馬上不哭了。她說也要吃奶油月餅呢。我們都笑了起來，和妹妹一起吃奶油月餅，真好吃。

每年的八月十五日，我們和妹妹一起有奶油月餅吃了。

第一次吹泡泡糖 ◎李陽晨

我很小的時候，看著大哥哥大姊姊吹泡泡糖，一下子，就會吹起一個泡泡來。有時一不小心，那個糖泡泡吹到鼻子上面，砰的一聲，就吹爆了，泡泡就堵住鼻孔了。我在旁邊哈哈大笑。

有一天，我也買了泡泡糖。我開始吹起來，可怎麼也吹不出來。我躲進了自己房間練了起來。我吹了一個又一個，可都是很小很小的小泡泡。我想著大哥哥吹的方法，對著鏡子，用牙齒咬著糖，糖成一張皮了，我用舌尖頂著糖皮，猛地用勁一吹，泡泡起來了，可還沒一秒鐘，就爆開了，弄得我的臉上到處都是。看著鏡子裡的大花臉，我不禁笑了起來。

第一次吹泡泡糖不成功，但是很好玩。

丟沙包

◎歐陽子怡

我轉學到岳陽市裡的一所學校讀書了。我非常想念在鄉村學校的生活，我和朋友一起最喜歡玩的是丟沙包。

每天放學後，我們幾個朋友都會聚集在一起。有人提議：「嘿，我們玩丟沙包吧！」於是，男生一組，女生一隊，畫一個陣地，遊戲就開始了。往往第一場男生隊就會領先，於是他們驕傲起來，還得意忘形的威脅我們女生。於是我們開始了第二場。

第二場比賽中，我們女生個個奮力拚搏，快看，餘力生把沙包接住了，而且很快打中了一個男生。接下來的女生也跟餘力生一樣，哪怕沙包離自己的頭還很高的時候，也會奮力一跳抓住沙包，以非常快的速度投向男生……

更多的時候，我們無論輸贏，都是會笑著結束比賽的。

管阿姨點評

幾個小朋友所寫的確實都是一些有趣的事情。特別是歐陽嫻小朋友所寫的「吃奶油月餅」，這個事情不僅本身很有趣，也很有原創性，意思就是說中秋節正好家裡有人過生日、孩子們還會「玩」奶油蛋糕、再把蛋糕和月餅聯繫起來，這樣的事情不是在很多家庭裡都能看得到的，像這樣原創性比較強的事情，原本是很好的作文素材，可惜歐陽嫻小朋友沒有好好把握。

我們不妨再來看看，一件事情中的六個要素，歐陽嫻小朋友缺了什麼呢？「時間」有了（「八月十五那天夜晚」），「地點」有了（就在家裡），「人物」有了（「妹妹」、「我們」），「事情的起因」有了（「正好妹妹過生日」），「結果」有了（先是「妹妹哭了起來」，後來大家一起吃奶油月餅）。到這裡為止，六個要素中，五個要素都有了，剩下的一個要素：「經過」，其實也有，但問題出在太簡略了，只有「我們用蛋糕給妹妹打了一個花臉」等這麼幾句而已。其實，「我們用蛋糕給妹妹打了一個花臉」這一句話，以及接下來大家怎麼哄妹妹，讓妹妹破涕為笑，應該是整篇文章的重頭戲，如果能夠把「過程」處理好，文章就會大大的不同。

事實上，寫任何一件事情，「經過」往往都會是一個需要好好處裡的重點。比方說，王晟小朋友描寫看人家玩雲霄飛車（題目定為〈玩雲霄飛車〉似乎不大對，因為小作者本人並沒有玩到）、李陽晨小朋友寫第一次吹泡泡糖、歐陽子怡小朋友寫同伴之間玩丟沙包的遊戲，都是因為著重了「過程」，讀起來才會那麼的生動和有趣。

讀寫結合

延伸閱讀書單

1 《西遊記》 吳承恩

2 《夏洛蒂的網》 E.B.懷特

3 《木偶奇遇記》 卡爾洛·科絡狄

4 《窗邊的小豆豆》 黑柳徹子

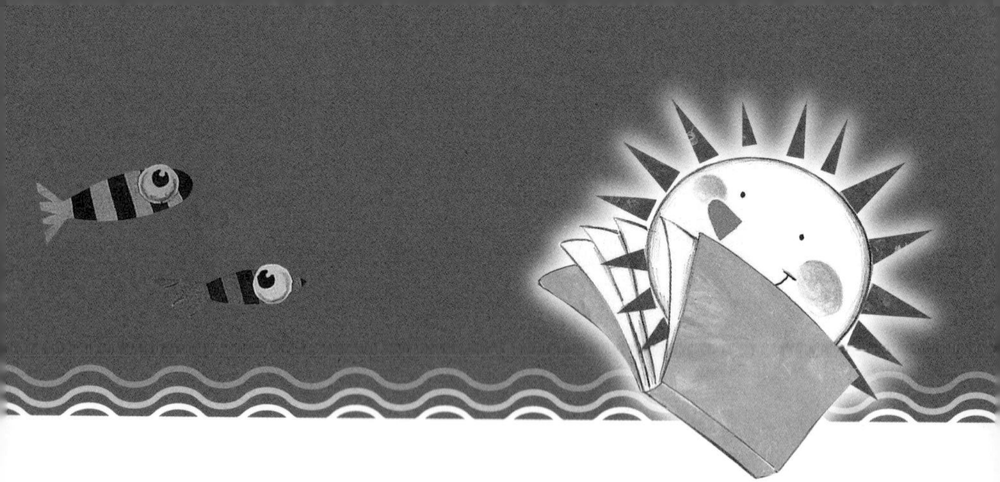

13 《封神演義》許仲琳

14 《苦兒流浪記》埃克多・馬洛

15 《王子與乞丐》馬克・吐溫

16 《說不完的故事》麥可・安迪

17 《莎士比亞故事集》 蘭姆姊弟

18 《小氣財神》 狄更斯

19 《百喻經》

20 《世說新語》 劉義慶

21 《唐詩三百首》

22 中外歷史故事

國家圖書館出版品預行編目資料

作文好好玩：讀寫結合〔中級〕／管家琪、房科劍作；吳嘉鴻繪圖. --初版 . --台北市：幼獅，2012.04
面； 公分. --（多寶槅.文藝抽屜；188）
ISBN 978-957-574-866-1（平裝）

1.漢語教學 2.作文 3.寫作法 4.小學教學

523.313 101002196

・多寶槅188・文藝抽屜

作文好好玩：讀寫結合〔中級〕

作　　者＝管家琪、房科劍
繪　　圖＝吳嘉鴻
出 版 者＝幼獅文化事業股份有限公司
發 行 人＝李鍾桂
總 經 理＝廖翰聲
總 編 輯＝劉淑華
主　　編＝林泊瑜
編　　輯＝黃淨閔
美術編輯＝李祥銘
總 公 司＝10045台北市重慶南路1段66-1號3樓
電　　話＝(02)2311-2832
傳　　真＝(02)2311-5368
郵政劃撥＝00033368

門市
・松江展示中心：10422台北市松江路219號
電話：(02)2502-5858轉734 傳真：(02)2503-6601
・苗栗育達店：36143苗栗縣造橋鄉談文村學府路168號（育達商業科技大學內）
電話：(037)652-191 傳真：(037)652-251

印　　刷＝崇寶彩藝印刷股份有限公司
定　　價＝260元
港　　幣＝87元
初　　版＝2012.04
書　　號＝988140

幼獅樂讀網
http://www.youth.com.tw
e-mail:customer@youth.com.tw

行政院新聞局核准登記證局版台業字第0143號

幼獅文化公司／讀者服務卡／

感謝您購買幼獅公司出版的好書！
為提升服務品質與出版更優質的圖書，敬請撥冗填寫後（免貼郵票）擲寄本公司，或傳真（傳真電話02-23115368），我們將參考您的意見、分享您的觀點，出版更多的好書。並不定期提供您相關書訊、活動、特惠專案等。謝謝！

基本資料

姓名：..先生／小姐

婚姻狀況：□已婚 □未婚　職業：□學生 □公教 □上班族 □家管 □其他

出生：民國..................年..................月..................日

電話：（公）..................（宅）..................（手機）..................

e-mail：..

聯絡地址：..

1.您所購買的書名： **作文好好玩：讀寫結合〔中級〕**

2.您通常以何種方式購書？：□1.書店買書 □2.網路購書 □3.傳真訂購 □4.郵局劃撥
（可複選）□5.幼獅門市 □6.團體訂購 □7.其他

3.您是否曾買過幼獅其他出版品：□是，□1.圖書 □2.幼獅文藝 □3.幼獅少年
□否

4.您從何處得知本書訊息：□1.師長介紹 □2.朋友介紹 □3.幼獅少年雜誌
（可複選）□4.幼獅文藝雜誌 □5.報章雜誌書評介紹..................報
□6.DM傳單、海報 □7.書店 □8.廣播(　　　　　　　　)
□9.電子報、edm □10.其他..................

5.您喜歡本書的原因：□1.作者 □2.書名 □3.內容 □4.封面設計 □5.其他

6.您不喜歡本書的原因：□1.作者 □2.書名 □3.內容 □4.封面設計 □5.其他

7.您希望得知的出版訊息：□1.青少年讀物 □2.兒童讀物 □3.親子叢書
□4.教師充電系列 □5.其他

8.您覺得本書的價格：□1.偏高 □2.合理 □3.偏低

9.讀完本書後您覺得：□1.很有收穫 □2.有收穫 □3.收穫不多 □4.沒收穫

10.敬請推薦親友，共同加入我們的閱讀計畫，我們將適時寄送相關書訊，以豐富書香與心靈的空間：

(1)姓名..................e-mail..................電話..................

(2)姓名..................e-mail..................電話..................

(3)姓名..................e-mail..................電話..................

11.您對本書或本公司的建議：

廣	告 回 信

廣　告　回　信

台北郵局登記證

台北廣字第942號

請直接投郵　免貼郵票

10045　台北市重慶南路一段66-1號3樓

幼獅文化事業股份有限公司 收

請沿虛線對折寄回

客服專線：02-23112832分機208　　傳真：02-23115368

e-mail：customer@youth.com.tw

幼獅樂讀網http：//www.youth.com.tw